Victor Hugo

Les Misérables

Adaptation et activités de **Jimmy Bertini**

Illustrations de **Paolo Rui**

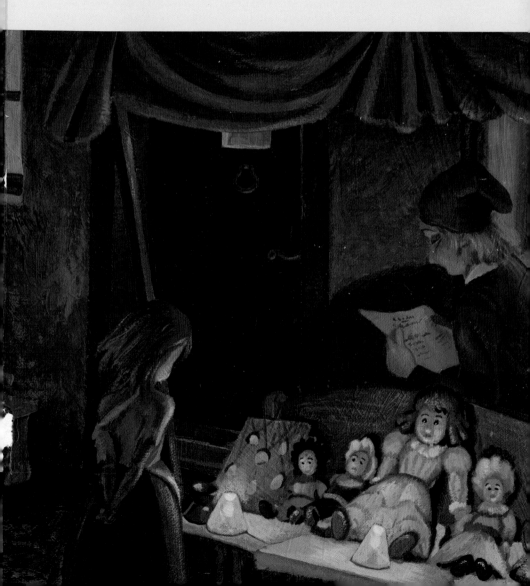

Rédaction : Maréva Bernède, Cristina Spano
Direction artistique et conception graphique : Nadia Maestri
Mise en page : Sara Blasigh
Recherches iconographiques : Laura Lagomarsino

© 2009 Cideb

Première édition : janvier 2009

Crédits photographiques : Archives Cideb ; De Agostini Picture Library : 4,
115 ; Album : 19 ; © ORBAN THIERRY/CORBIS SYGMA : 20 ; © Leonard
de Selva/CORBIS : 44 ; © Historical Picture Archive/CORBIS : 45 ; © Gianni
Dagli Orti/CORBIS : 102-103 ; © Bernard Annebicque/CORBIS : 104.

Vous trouverez sur le site blackcat-cideb.com (espace étudiants et
enseignants) les liens et adresses Internet utiles pour compléter les dossiers
et les projets abordés dans le livre.
Tous les sites Internet signalés ont été vérifiés à la date de publication de ce
livre. L'éditeur ne peut être considéré responsable d'éventuels changements
intervenus successivement.
Nous conseillons vivement aux enseignants de vérifier à nouveau les sites
avant de les utiliser en classe.

Pour toute suggestion ou information la rédaction peut être contactée à
l'adresse suivante :
info@blackcat-cideb.com

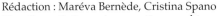

The Publisher is certified by

CISQCERT

in compliance with the UNI EN ISO 9001:2000
standards for the activities of 'Design, production,
distribution and sale of publishing products.'
(certificate no. 04.953)

Imprimé en Italie par Italgrafica, Novara.

Sommaire

 Le texte est intégralement enregistré.

 Les exercices qui présentent cette mention préparent aux compétences requises pour l'examen.

Victor Hugo

Victor Hugo est né à Besançon le 26 février 1802. Élève brillant (à dix ans, il connaît déjà le latin), il commence à écrire très jeune : il compose des centaines de vers et écrit des tragédies. En juillet 1816, alors qu'il n'a que quatorze ans, il note sur un cahier : « Je veux être Chateaubriand ou rien. »

Son drame en cinq actes *Cromwell* (1827) et sa célèbre *Préface* font de lui le théoricien et le chef de l'école romantique. En 1830, il publie *Hernani*, une pièce qui inaugure le genre du drame romantique. Parmi ses œuvres les plus célèbres, on peut citer les recueils de poésies *Les Feuilles d'automne* (1831), *Les Voix intérieures* (1837) et *Les Rayons et les Ombres* (1840), le roman *Notre-Dame de Paris* (1831) et le drame *Ruy Blas* (1838).

Victor Hugo est aussi un homme de convictions. Préoccupé par les problèmes sociaux et humanitaires de son époque, il écrit *Le Dernier Jour d'un condamné*, un plaidoyer contre la peine de mort. En décembre 1851, il s'oppose farouchement au coup d'État organisé par Louis-Napoléon Bonaparte. Contraint de s'exiler dans les îles anglo-normandes de Jersey et Guernesey, il écrit alors *Les Contemplations* (1856) et *Les Misérables* (1862).

Victime d'une congestion pulmonaire, Victor Hugo meurt le 22 mai 1885. La République lui rend hommage en lui organisant des obsèques nationales. Près de deux millions de personnes y participent ! Les derniers mots de Victor Hugo, écrits trois jours avant sa mort, sont : « Aimer, c'est agir. »

Compréhension écrite

DELF ① Lisez attentivement le dossier, puis dites si les affirmations suivantes sont vraies (V) ou fausses (F).

		V	F
1	Victor Hugo est né à Besançon en 1812.	☐	☐
2	Élève brillant, il connaît le latin à dix ans.	☐	☐
3	À quatorze ans, il écrit : « Je veux être Chateaubriand ou rien. »	☐	☐
4	À la publication de *Cromwell*, Victor Hugo devient le chef de l'école classique.	☐	☐
5	*Le Dernier Jour d'un condamné* est un plaidoyer contre la peine de mort.	☐	☐
6	Victor Hugo doit s'exiler à cause de ses idées politiques.	☐	☐
7	Il a écrit *Les Misérables* durant son exil en 1872.	☐	☐
8	Les derniers mots de Victor Hugo sont : « Aimer, c'est agir. »	☐	☐

Personnages

Au début de l'histoire...
De gauche à droite et de haut en bas :
Jean Valjean. Monseigneur Myriel. madame Magloire.
Fantine, monsieur Madeleine, Javert, monsieur Thénardier,
madame Thénardier, Cosette enfant, Éponine enfant,
Azelma enfant.

Quelques années plus tard...
De gauche à droite et de haut en bas :
Fauchelevent, Cosette adulte, madame Thénardier,
monsieur Thénardier, Éponine adulte, Azelma adulte,
Marius Pontmercy, monsieur Gillenormand, Gavroche

CHAPITRE 1

Jean Valjean

Au début du mois d'octobre 1815, un peu avant le coucher du soleil, un homme de quarante-cinq ans arrive dans la ville de Digne. Il est trapu, robuste et son aspect est misérable. Il s'arrête à la fontaine pour boire, puis entre dans la mairie. Un quart d'heure plus tard, il sort et se dirige vers l'auberge *La Croix-de-Colbas*, considérée comme la meilleure de la ville. Lorsqu'il entre, l'aubergiste lui demande :

piste 02

— Que voulez-vous, monsieur ?

— Manger et dormir, répond l'homme. J'ai de l'argent.

L'aubergiste lui dit de s'asseoir et demande discrètement à un enfant d'aller à la mairie pour se renseigner sur ce voyageur. À son retour, l'enfant donne un petit bout de papier à l'aubergiste.

— Je sais qui vous êtes, dit l'hôtelier. Vous vous appelez Jean Valjean. Vous ne pouvez pas rester ici. Allez-vous-en !

Une fois dehors, l'étranger se met à marcher sans but. Il se sent triste et humilié. Au bout de la rue, il arrive devant une petite auberge très modeste. Il regarde par la fenêtre et aperçoit quelques hommes en train de boire près d'une grande cheminée. Il pousse la porte et entre.

— Qui va là ? demande l'aubergiste.

— Quelqu'un qui veut dîner et dormir.

— Très bien. Ici, on dîne et on dort. Entrez et venez vous chauffer près du feu.

Cependant, l'un des clients appelle le propriétaire et lui dit quelques mots à l'oreille. L'aubergiste s'approche alors rapidement de l'homme, lui pose la main sur l'épaule et lui dit :

— Va-t'en d'ici !

— Ah ! Vous êtes au courant vous aussi…, murmure l'étranger.

Le voyageur ramasse son sac et sort de l'auberge. Il reprend sa route et arrive devant une église. Il s'allonge sur un petit banc en pierre. Il est épuisé et découragé.

Quelques instants plus tard, une vieille femme sort de l'église. Elle lui donne de l'argent et lui indique la porte de Monseigneur Myriel, l'évêque de la ville. Âgé d'environ soixante-quinze ans, Monseigneur Myriel est un homme bon et généreux qui a renoncé à tous ses privilèges pour se consacrer entièrement aux habitants de son diocèse. Il ne possède pour toute richesse que deux chandeliers et six couverts [1] en argent, qu'il conserve pour faire plaisir à sa sœur.

---

1. **Les couverts** : objets utilisés pour manger (la cuillère, la fourchette et le couteau).

Les Misérables

Le voyageur se lève, s'approche de la maison et frappe un violent coup à la porte.

— Entrez, dit l'évêque.

L'homme ouvre la porte et entre. Monseigneur Myriel le regarde d'un air amical.

— Bonjour, dit l'étranger, je m'appelle Jean Valjean. Je suis un ancien forçat [1]. J'ai passé dix-neuf ans au bagne [2], à Toulon. Je suis libre depuis quatre jours. En arrivant dans la ville, j'ai dû montrer mon passeport jaune de galérien à la mairie, et tout le monde m'a chassé. Une femme m'a dit de venir chez vous. Je paierai, j'ai de l'argent. Je suis fatigué et j'ai très faim. Est-ce que je peux rester ?

— Madame Magloire, dit l'évêque à sa servante, vous mettrez un couvert de plus et vous préparerez un lit avec des draps propres pour monsieur.

— C'est bien vrai, je peux rester ? Vous ne me chassez pas ? Vous m'appelez monsieur, vous me donnez à manger et un lit pour dormir ? Cela fait dix-neuf ans que je n'ai pas dormi dans un lit !

Jean Valjean est né dans une famille extrêmement pauvre. Orphelin très jeune, il est élevé par sa sœur aînée. Quelques années plus tard, celle-ci devient veuve et se retrouve seule avec sept enfants. Pour l'aider, Jean Valjean travaille très dur. Lors d'un hiver particulièrement rude, alors qu'il n'a plus de travail, il casse un carreau chez le boulanger et vole un pain

---

1. **Un forçat** : criminel condamné aux travaux forcés.
2. **Le bagne** : ancien établissement pénitentiaire.

pour nourrir les sept enfants de sa sœur. Il est arrêté et condamné à cinq ans de galère. Il est envoyé au bagne de Toulon où il devient le numéro 24601. Comme il essaie de s'évader à plusieurs reprises, les juges augmentent sa peine : entré au bagne en 1796, il n'en sort finalement qu'en octobre 1815. Après dix-neuf ans de torture et d'esclavage, il espère pouvoir commencer une nouvelle vie. Malheureusement, il se rend compte que sa liberté est fortement limitée : il a un passeport jaune...

Après le dîner, Jean Valjean monte dans sa chambre et s'endort aussitôt. Cependant, il se réveille en pleine nuit et ne réussit pas à se rendormir. Depuis la fin du repas, il ne pense qu'à une chose : aux six couverts en argent posés sur la table. En les vendant, il pourrait obtenir au moins deux cents francs ! Le double de ce qu'il a gagné en dix-neuf ans.

Soudain, il se lève. Il n'y a pas un bruit dans la maison : tout le monde dort. Il va dans la cuisine, prend l'argenterie, la met dans son sac et s'enfuit en courant dans la nuit.

Le lendemain, lorsque madame Magloire s'aperçoit que les couverts ont disparu, elle avertit immédiatement Monseigneur Myriel.

— Monseigneur, s'écrie-t-elle, on a volé l'argenterie ! C'est l'homme d'hier soir, j'en suis sûre !

L'évêque reste silencieux un instant, puis il dit :

— Cette argenterie n'était pas à nous, elle était aux pauvres. Et l'homme d'hier était l'un d'entre eux.

Monseigneur Myriel et sa servante sont à table, lorsqu'on frappe à la porte.

Les Misérables

— Entrez, dit l'évêque.

La porte s'ouvre. Trois gendarmes entrent. Ils tiennent Jean Valjean.

— Ah ! Vous voilà ! s'exclame l'évêque en regardant Jean Valjean. Je vous avais donné les chandeliers aussi. Pourquoi ne les avez-vous pas pris avec les couverts ?

Surpris par la réaction de l'évêque, Jean Valjean ne dit pas un mot.

— Monseigneur, dit l'un des gendarmes, cet homme nous a donc bien dit la vérité ?

— Oui, vous pouvez le laisser partir.

Les gendarmes libèrent Jean Valjean et s'en vont. L'évêque s'approche de lui et dit à voix basse :

— N'oubliez jamais que vous m'avez promis d'employer cet argent à devenir un honnête homme.

Jean Valjean est troublé. Il ne se rappelle pas de cette promesse.

— Jean Valjean, mon frère, poursuit Monseigneur Myriel, maintenant vous n'appartenez plus au mal, mais au bien. Je vous achète votre âme, je lui retire ses pensées noires et je la donne à Dieu.

Jean Valjean salue l'évêque et s'en va. Il sort de la ville et marche pendant des heures sans savoir où aller. Les mots de Monseigneur Myriel l'ont profondément bouleversé. Il s'assoit sur une pierre, lorsqu'il voit arriver un enfant qui chante et s'amuse à lancer en l'air des pièces de monnaie. Soudain, une pièce lui échappe et roule jusqu'à Jean Valjean qui pose, sans s'en apercevoir, son pied dessus.

Les Misérables

— Monsieur, dit l'enfant en s'approchant, rendez-moi ma pièce !

— Comment t'appelles-tu ? demande Jean Valjean.

— Petit-Gervais, monsieur.

— Eh bien, Petit-Gervais, je ne sais pas de quoi tu parles. Va-t'en !

— Mais je veux ma pièce, dit l'enfant en pleurant. Donnez-moi ma pièce !

Jean Valjean regarde l'enfant sans comprendre. Il se lève, le pied toujours sur la pièce, et dit :

— Allez, ne reste pas là ! Va-t'en !

Terrorisé, l'enfant s'enfuit en courant. Jean Valjean commence à avoir froid car le soleil est en train de se coucher. Il n'a pas mangé de la journée et il a peut-être de la fièvre. Il fait un pas et découvre la pièce de monnaie sous son pied. Il comprend alors ce que voulait l'enfant. Il regarde autour de lui, puis crie de toutes ses forces :

— Petit-Gervais ! Petit-Gervais !

Mais l'enfant n'est plus là. Alors, pour la première fois depuis dix-neuf ans, Jean Valjean se met à pleurer.

Compréhension écrite et orale

DELF **1** Lisez attentivement le chapitre, puis cochez la bonne réponse.

1 L'histoire se passe au début du mois
   a ☐ de juin 1815.   **b** ☐ d'octobre 1825.   **c** ☐ d'octobre 1815.

2 L'homme à l'aspect misérable s'appelle Jean
   a ☐ Valjean.   **b** ☐ Voljean.   **c** ☐ Vlajean.

3 De quelle ville Monseigneur Myriel est-il l'évêque ?
   a ☐ Digne.   **b** ☐ Tignes.   **c** ☐ Nice.

4 Combien d'années Jean Valjean a-t-il passé au bagne de Toulon ?
   a ☐ Dix-huit.   **b** ☐ Dix-neuf.   **c** ☐ Dix-sept.

5 De quelle couleur est le passeport des galériens ?
   a ☐ Blanc.   **b** ☐ Jaune.   **c** ☐ Orange.

6 Jean Valjean a été condamné au bagne pour avoir volé
   a ☐ un pull.   **b** ☐ des fruits.   **c** ☐ un pain.

7 Que vole Jean Valjean dans la maison de Monseigneur Myriel ?
   a ☐ Six couverts.   **b** ☐ Deux chandeliers.   **c** ☐ Les draps du lit.

8 L'enfant qui joue avec ses pièces de monnaie s'appelle
   a ☐ Grand-Gervais.   **b** ☐ Petit-Gervais.   **c** ☐ Petit-Mervais.

2 Relisez le chapitre, puis complétez la fiche sur Jean Valjean.

Âge : ....
Stature : ....
Situation familiale : ....
Année d'entrée au bagne : ....
Année de sortie du bagne : ....
Numéro de bagnard : ....

Grammaire

L'impératif

On utilise l'impératif pour donner **un ordre, un conseil** ou **demander quelque chose**. À la forme négative, il permet d'exprimer **une interdiction**. L'impératif est uniquement formé de trois personnes (la deuxième du singulier, la première et la deuxième du pluriel) et n'a jamais de pronom personnel sujet.

*Sors de cette auberge ! **Partons** tout de suite ! **Entrez** !*
L'impératif se conjugue comme le présent de l'indicatif.

Attention !

• Les verbes en **-er**, le verbe **aller** et les verbes en **-ir** qui se conjuguent sur le modèle du verbe **ouvrir** perdent le **-s** final à la deuxième personne du singulier.
   *__Mange__ ta soupe ! **Va** chercher de l'eau ! **Ouvre** la porte !*

• On ajoute un **-s** si le verbe est suivi des pronoms **en** ou **y**.
   *Vas-**y** ! Parles-**en** !*

Certains verbes ont un impératif irrégulier.

Être : sois, soyons, soyez.	**Avoir** : aie, ayons, ayez.
Sois bon et généreux !	**Ayez** confiance en moi !

Savoir : sache, sachons, sachez
Sachez garder votre calme !

À l'impératif, les pronoms personnels compléments se placent après le verbe et sont précédés d'un trait d'union. **Me** et **te** deviennent **moi** et **toi**.
*Allez-**vous**-en ! Racontez-**moi** ! Sauve-**toi** !*

À l'impératif négatif, les pronoms se placent devant le verbe et ne changent pas de forme.
*Ne **me** parle **plus** ! Ne **te** retourne **pas** !*

1 Conjuguez les verbes entre parenthèses à l'impératif.

1 (*Prendre, vous*) .... les couverts et l'argenterie !

2 (*Partir, tu*) .... de cette auberge !

3 (*Être, vous*) .... courageux !

4 (*En parler, tu*) .... à Monseigneur Myriel !

2 Transformez les phrases comme dans l'exemple.

	Tu m'écoutes ?	→ *Écoute-moi !*	→ *Ne m'écoute pas !*
1	Vous m'appelez ?	....	....
2	Tu te prépares ?	....	....
3	Nous le prenons ?	....	....
4	Tu y vas ?	....	....

Enrichissez votre **vocabulaire**

1 Complétez les phrases avec les adjectifs proposés.

> bouleversé découragé dur fatigué humilié orphelin
> robuste rude terrorisé trapu triste

1 ...., Petit-Gervais s'enfuit en courant dans la forêt.

2 ...., le galérien se met à pleurer : cela ne lui était pas arrivé depuis dix-neuf ans.

3 Durant un hiver très ...., Jean Valjean a volé un pain chez le boulanger.

4 ...., l'ancien forçat s'allonge sur un banc en pierre.

5 Jean Valjean se sent .... et .... car aucun aubergiste ne veut l'accueillir.

6 Jean Valjean est un homme .... et ....

7 Devenu .... très jeune, Jean Valjean a dû travailler très .... pour nourrir les enfants de sa sœur.

8 Jean Valjean marche depuis quatre jours : il est très ....

Production écrite et orale

DELF **1** Avez-vous déjà été victime ou témoin d'une injustice ? Racontez comment cela s'est passé.

Les Misérables au cinéma

Le roman *Les Misérables* est considéré comme l'une des œuvres les plus populaires de la littérature française. Riche en suspense et en émotion, l'œuvre de Victor Hugo contient tous les ingrédients nécessaires à un excellent film. C'est pourquoi l'on compte de nombreuses adaptations pour la télévision, le cinéma ou le théâtre par des réalisateurs venus des quatre coins du monde (Égypte, Mexique, Japon...). Si, en 1907, le film *On the Barricade* d'Alice Guy Blache-Bolton retrace une partie du chef-d'œuvre de l'écrivain, il faut attendre 1909 pour voir au cinéma la première adaptation intégrale du roman par le réalisateur John Stuart Blackton. Les versions les plus connues sont, sans l'ombre d'un doute, le film de Jean-Paul Le Chanois et le feuilleton télévisé réalisé par Josée Dayan.

Le film

Sorti dans les salles françaises le 12 mars 1958, *Les Misérables* de Jean-Paul Le Chanois est l'une des adaptations les plus fidèles du roman de Victor Hugo. Si ce film franco-italo-allemand a connu un énorme succès, c'est notamment grâce à son casting exceptionnel. Le réalisateur français a en effet réuni les plus grands acteurs de l'époque : Jean Gabin incarne le rôle de Jean Valjean, Bourvil, habitué jusqu'alors à des rôles de « gentil naïf », celui de Thénardier, et Bernard Blier joue le redoutable Javert. Réalisé en deux épisodes, ce film a bénéficié de moyens considérables : il s'agit d'ailleurs de l'une des productions les plus coûteuses du cinéma français. Pour les scènes de la bataille de Waterloo et pour celles des émeutes, par

Une scène du film *Les Misérables* de Jean-Paul Le Chanois, 1957.
Avec Jean Gabin dans le rôle de Jean Valjean.

exemple, le réalisateur a utilisé l'armée de l'ex-RDA, tandis que les quartiers du Marais et du Faubourg Saint-Antoine ont été minutieusement reconstitués en studio par l'excellent décorateur Serge Piménoff.

Cinéaste engagé, Jean-Paul Le Chanois, qui a notamment écrit quelques chansons pour Édith Piaf et Yves Montand, a déclaré dans une interview : « Je considère ce film sur la générosité humaine comme un achèvement de ma carrière. »

Le feuilleton télévisé

Réalisé en quatre épisodes de 90 minutes chacun par Josée Dayan en 2000, ce feuilleton télévisé est une coproduction franco-italo-germano-americano-espagnole. Cette version a obtenu un franc succès, notamment grâce à sa distribution : en effet, on retrouve autour de Gérard Depardieu (Jean Valjean), Christian Clavier (Thénardier) et John Malkovich (Javert), d'excellentes actrices, telles que Charlotte Gainsbourg (Fantine), Virginie Ledoyen (Cosette) ou encore Asia Argento (Éponine Thénardier).

Gérard Depardieu sur le tournage du téléfilm *Les Misérables*.

Compréhension écrite

DELF ❶ Lisez attentivement le dossier, puis dites si les affirmations suivantes sont vraies (V) ou fausses (F).

		V	F
1	*On the Barricade* a été réalisé par John Stuart Blackton.	☐	☐
2	La première adaptation des *Misérables* au cinéma date de 1919.	☐	☐
3	L'œuvre de Victor Hugo n'a jamais été adaptée par un réalisateur japonais.	☐	☐
4	La plus fidèle adaptation des *Misérables* est sortie en France le 12 mars 1968.	☐	☐
5	Dans le film de Jean-Paul Le Chanois, Jean Gabin interprète Jean Valjean.	☐	☐
6	Le film de Jean-Paul Le Chanois a été réalisé en trois épisodes.	☐	☐
7	Le Chanois a également écrit des chansons pour Édith Piaf.	☐	☐
8	Le feuilleton télévisé a été réalisé par Josée Dayan en 2000.	☐	☐
9	Il n'a pas eu de succès.	☐	☐
10	Dans le feuilleton, Jean Valjean est joué par Christian Clavier.	☐	☐

CHAPITRE 2

Fantine

Nous sommes maintenant en août 1817, à Saint-Cloud, près de Paris. Quatre étudiants ont invité leurs maîtresses, toutes ouvrières, à passer le dimanche à la campagne. L'une des quatre jeunes filles s'appelle Fantine. Elle a un visage angélique, de beaux cheveux blonds et un sourire magnifique : elle est assurément la plus jolie du groupe. Son amant s'appelle Tholomyès, c'est un jeune homme très riche qui a toujours un cigare à la bouche.

Lorsqu'ils ont invité les jeunes filles à passer une journée à Saint-Cloud, les quatre étudiants leur ont parlé d'une surprise.

— Et la surprise ? demandent-elles dans l'après-midi.

— Plus tard, après le dîner, répond Tholomyès.

À l'heure du repas, ils entrent dans un bon restaurant : ils

mangent, boivent, rient et s'amusent beaucoup. À la fin de la
soirée, Favourite, l'une des jeunes filles, demande :

— Et la surprise ?

— Justement, le moment est arrivé, répond Tholomyès.
Mesdames, attendez-nous un instant.

Les quatre étudiants embrassent leurs maîtresses, puis
sortent de l'auberge. Une heure plus tard, l'aubergiste s'approche
des jeunes filles et donne une lettre à Favourite. Cette dernière
l'ouvre et commence à lire à voix haute :

> « *Voilà la surprise. À l'heure où vous lirez ceci, nous
> serons bien loin. Nos familles nous réclament, nous
> avons des devoirs. Nous devons devenir préfets, pères
> de famille et conseillers d'État. Pleurez-nous un peu
> et remplacez-nous vite.* »

Les jeunes filles se mettent à rire.

— Eh bien, c'est une bonne blague ! s'exclame Favourite.

Une heure plus tard, Fantine est dans sa chambre. Elle pleure
car elle comprend qu'elle a perdu Tholomyès pour toujours. Elle
l'a aimé comme on aime un mari et elle a un enfant de lui : la
petite Cosette.

Quelques mois plus tard, Fantine perd son travail. Elle sait à
peine lire et ne sait pas écrire. On lui a juste appris à signer de
son nom. Grâce à un écrivain public, elle envoie plusieurs lettres
à Tholomyès, mais le jeune homme n'y répond pas. Que faire ?
Fantine est encore très jeune : elle n'a que vingt-deux ans. Elle
décide alors de retourner à Montreuil-sur-Mer, sa ville natale,

Les Misérables

dans le Pas-de-Calais. Là, elle pense qu'on la reconnaîtra et qu'on l'aidera à trouver du travail. Cependant, il y a un problème : Cosette, qui a maintenant presque trois ans. Comme Fantine n'est pas mariée, la petite est une enfant illégitime, et Fantine craint de rencontrer des difficultés pour trouver un emploi. Malgré sa peur, la jeune femme vend tout ce qu'elle possède et quitte Paris par une belle matinée, avec sa petite Cosette. Nous sommes au printemps 1818. Dix mois ont passé depuis que Tholomyès l'a abandonnée.

Après quelques heures de marche, Fantine arrive dans la ville de Montfermeil et se dirige vers une petite auberge. Devant la porte de celle-ci, elle aperçoit une femme qui surveille ses deux enfants. Fantine s'approche d'elle et lui dit :

— Vos filles sont très jolies, madame.

La femme lève la tête, remercie Fantine et l'invite à s'asseoir auprès d'elle.

— Mes filles s'appellent Éponine et Azelma, et moi, je suis madame Thénardier. Nous tenons cette auberge avec mon mari.

Fantine commence alors à lui raconter son histoire, en la modifiant un peu. Elle lui dit en effet qu'elle est veuve, qu'elle est ouvrière et qu'elle va chercher du travail dans sa ville natale. Entre-temps, Cosette a commencé à jouer avec les deux petites filles.

— Regardez-les ! dit madame Thénardier. On dirait trois sœurs !

À ces mots, Fantine prend la main de madame Thénardier, la regarde fixement et lui dit :

— Voulez-vous me garder mon enfant ?

Surprise, madame Thénardier reste silencieuse.

Les Misérables

— Avec un enfant, poursuit Fantine, je trouverai difficilement du travail. Quand j'ai vu vos petites si jolies, si propres et si heureuses, je me suis dit : voilà une bonne mère ! Et puis, j'espère revenir bientôt. Voulez-vous me garder ma petite Cosette ? S'il vous plaît...

Madame Thénardier accepte finalement la proposition de Fantine et les deux femmes se mettent d'accord sur la pension [1] à payer pour l'enfant.

Fantine croit les Thénardier dignes de confiance. Elle ne se doute pas que ce sont en réalité des gens sans-cœur, grossiers, malhonnêtes, et que leurs affaires ne vont pas très bien. Une fois Fantine partie, les Thénardier paient une partie de leurs dettes [2] avec l'argent que leur a laissé la jeune femme, puis ils vendent les habits de Cosette. À partir de ce moment-là, la petite fille devient une enfant gardée par charité. Ils l'habillent avec les vieux vêtements de leurs filles et lui donnent à manger les restes de la famille : un peu mieux que le chien et un peu moins bien que le chat. Le chien et le chat sont d'ailleurs les compagnons habituels de Cosette car elle mange avec eux sous la table, dans un bol en bois identique au leur.

Entre-temps, Fantine arrive à Montreuil-sur-Mer. Sa ville natale a bien changé : en effet, elle a beaucoup prospéré depuis l'arrivée, en 1815, d'un inconnu qui a repris une usine et a inventé de nouvelles méthodes de production pour réduire les coûts de fabrication. Cet homme, que les habitants appellent monsieur Madeleine, est bon et généreux. Le jour de son arrivée dans la

---

1. **Une pension** : ici, somme d'argent versée pour subvenir aux besoins de quelqu'un.
2. **Une dette** : ici, somme d'argent prêtée que l'on doit rembourser.

ville, il avait sauvé deux enfants d'un incendie. On n'avait donc pas pensé à lui demander son passeport. Dans son usine, il emploie tout le monde et n'exige qu'une chose : « Soyez honnête homme ! Soyez honnête femme ! » Seul Javert, l'inspecteur de police, se méfie de lui : il est persuadé d'avoir déjà vu cet homme quelque part.

Un jour, en passant dans une rue, monsieur Madeleine aperçoit un paysan nommé Fauchelevent écrasé sous une charrette. De nombreuses personnes, dont Javert, observent la scène sans bouger. Monsieur Madeleine offre une importante somme d'argent à celui qui sauvera le paysan.

— La charrette est trop lourde, c'est impossible ! s'exclame un paysan.

Fauchelevent hurle de douleur. Il faut intervenir, et vite ! Monsieur Madeleine s'approche alors de la charrette et la soulève grâce à un effort surhumain : Fauchelevent est sauvé !

— Je n'ai connu qu'un seul homme capable de faire ce que vous avez fait... C'était un forçat du bagne de Toulon, dit l'inspecteur.

Monsieur Madeleine devient pâle, mais ne répond rien.

Après l'accident, Fauchelevent garde malheureusement un handicap au genou et il doit renoncer à son travail. Monsieur Madeleine lui trouve alors un emploi de jardinier dans un couvent à Paris.

À son arrivée dans la ville, Fantine se présente à l'usine de monsieur Madeleine et on l'engage dans l'atelier des femmes. Elle ne gagne pas beaucoup d'argent, mais elle est heureuse : elle peut payer la pension de sa fille. Puisqu'elle n'est pas mariée, elle ne parle pas de Cosette aux gens du village. Chaque mois, elle

Les Misérables

envoie de l'argent aux Thénardier qui lui écrivent régulièrement pour lui dire que « Cosette se porte à merveille », mais qu'ils ont besoin de plus d'argent car elle grandit rapidement. Confiante, Fantine paie sans protester. Elle ne se doute pas que sa petite Cosette, si rose et si jolie, est devenue triste et craintive, et qu'elle est à présent la servante des Thénardier. L'Alouette [1], comme la surnomment les gens du village de Montfermeil à cause de sa maigreur, ne chante hélas jamais.

Grâce à un écrivain public, Fantine écrit deux fois par mois aux Thénardier. Malheureusement, les autres ouvrières, jalouses d'elle, découvrent un jour qu'elle a un enfant illégitime. On lui dit alors, de la part de monsieur Madeleine, qu'elle est renvoyée de l'atelier. Sans ressource, Fantine accepte un emploi de couturière. Pendant dix-sept heures par jour, elle coud des chemises de soldats pour un salaire de misère. Afin d'économiser, elle renonce au chauffage, mange moins qu'avant et finit par tomber malade. Les Thénardier lui réclament toujours plus d'argent, prétextant que Cosette a besoin de vêtements chauds pour l'hiver. Fantine n'arrive plus à rembourser ses dettes. Elle vend alors ses cheveux, ses dents, puis devient « fille publique ».

---

1. **Une alouette** : petit oiseau gris dont le chant est très mélodieux.

Compréhension écrite et orale

DELF **1** Écoutez attentivement l'enregistrement du chapitre, puis dites si les affirmations suivantes sont vraies (V) ou fausses (F).

		V	F
1	Tholomyès est l'amant de Fantine.	☐	☐
2	Les étudiants et leurs maîtresses sont à Saint-Tropez.	☐	☐
3	La petite Cosette est la fille de Favourite.	☐	☐
4	Fantine décide de quitter Paris au printemps 1828.	☐	☐
5	Fantine est originaire de Montreuil-sur-Mer.	☐	☐
6	Les Thénardier tiennent une auberge à Montfermeil.	☐	☐
7	Madame Thénardier n'a qu'une seule fille.	☐	☐
8	Monsieur Madeleine a fait prospérer la ville de Montreuil-sur-Mer.	☐	☐
9	L'inspecteur de police s'appelle Pavert.	☐	☐
10	Fantine perd son travail parce qu'elle a deux enfants illégitimes.	☐	☐

2 Lisez attentivement le chapitre, puis répondez aux questions.

1 En quelle année se passe le début du chapitre ?

2 Comment s'appellent les filles de madame Thénardier ?

3 Quel âge a Fantine lorsqu'elle décide de retourner dans sa ville natale ?

4 Quelle est la seule chose que monsieur Madeleine exige de ses ouvriers ?

5 Comment s'appelle le paysan que sauve monsieur Madeleine ?

6 Pourquoi Cosette est-elle surnommée l'Alouette par les habitants de Montfermeil ?

3 En France, il existe de nombreux dictons pour chaque mois de l'année. Écoutez attentivement l'enregistrement, puis associez chaque fin de phrase à son début.

1 ☐ Gelée en janvier,

2 ☐ Beau février,

3 ☐ Quand mars se déguise en été,

4 ☐ En avril,

5 ☐ En mai,

6 ☐ Pluie de juin,

7 ☐ Juillet ensoleillé,

8 ☐ Quand août n'est pas pluvieux,

9 ☐ Septembre humide,

10 ☐ Octobre ensoleillé,

11 ☐ Brouillard en novembre,

12 ☐ Noël au balcon,

a avril prend ses habits fourrés.

b remplit cave et grenier.

c l'hiver sera tendre.

d blé au grenier.

e Pâques aux tisons.

f c'est disette au grenier.

g pas de tonneaux vides.

h ne te découvre pas d'un fil.

i décembre emmitouflé.

j fais ce qu'il te plaît.

k fait belle avoine et maigre foin.

l septembre est souvent radieux.

Enrichissez votre **vocabulaire**

1 Les mots ou expressions soulignés sont utilisés dans le chapitre 2. Associez chaque définition à l'expression correspondante.

1 ☐ C'est une bonne blague.

2 ☐ Fantine est la maîtresse de Tholomyès.

3 ☐ Les Thénardier sont des gens sans-cœur.

4 ☐ Jean Valjean est un ancien forçat.

5 ☐ La ville de Montreuil-sur-Mer a prospéré.

6 ☐ Fantine devient « fille publique ».

a Elle se prostitue.

b Il a été condamné aux travaux forcés.

c Elle est l'amante de Tholomyès.

d Elle s'est développée et enrichie.

e C'est une plaisanterie.

f Ils sont insensibles.

Grammaire

Le futur de l'indicatif

On forme le futur des verbes réguliers en **-er** et **-ir** en ajoutant les terminaisons **-ai, -as, -a, -ons, -ez, -ont** à l'infinitif du verbe.

Écouter : *j'écouterai, tu écouteras, il écoutera, nous écouterons, vous écouterez, ils écouteront.*

Finir : *je finirai, tu finiras, il finira, nous finirons, vous finirez, ils finiront.*

Pour les verbes en **-re**, le **-e** final disparaît.

Prendre : *je prendrai*   **Mettre** : *je mettrai*

Pour les autres verbes, les terminaisons ne changent pas, mais les radicaux présentent des formes particulières.

Être : *je serai*   **Avoir** : *j'aurai*
Aller : *j'irai*   **Pouvoir** : *je pourrai*
Devoir : *je devrai*   **Venir** : *je viendrai*
Faire : *je ferai*   **Vouloir** : *je voudrai*

1 **Mettez les phrases au futur de l'indicatif.**

1 Les étudiants embrassent leurs maîtresses et sortent de l'auberge.
   ....

2 Vous découvrez la surprise en lisant cette lettre.
   ....

3 Fantine va dans sa ville natale pour chercher du travail.
   ....

4 Fantine vend ses objets et quitte Paris par une belle matinée.
   ....

5 La jeune femme raconte son histoire à madame Thénardier.
   ....

6 Fantine doit quitter Paris pour trouver du travail.
   ....

7 L'inspecteur Javert peut intervenir si nécessaire.
   ....

8 Fantine a beaucoup de mal à payer ses dettes.
   ....

2 Conjuguez les verbes entre parenthèses au futur de l'indicatif.

1 Fantine (*passer*) .... le dimanche à la campagne.

2 Je (*ne pas épouser*) .... Fantine.

3 Fantine (*partir*) .... pour Montreuil-sur-Mer.

4 Les Thénardier (*s'occuper*) .... de Cosette.

5 Cosette (*être*) .... malheureuse avec les Thénardier.

6 Monsieur Madeleine (*offrir*) .... une grosse somme d'argent pour sauver Fauchelevent.

7 Fantine (*écrire*) .... une lettre aux Thénardier.

8 Les ouvrières (*découvrir*) .... que Fantine a un enfant illégitime.

3 Complétez les phrases librement.

1 Demain, je ....

2 Dans une semaine, je ....

3 L'année prochaine, je ....

4 Dans dix ans, je ....

5 Dans cinquante ans, je ....

Production écrite et orale

DELF **1** Racontez en quelques lignes une journée qui vous a marqué(e).

2 Votre fiancé(e) vous a quitté(e) sans raison apparente. Vous lui écrivez une lettre pour exprimer votre tristesse et pour lui demander la raison de cette rupture.

CHAPITRE **3**

Monsieur Madeleine

Quelques mois plus tard, par une froide journée d'hiver, alors que Fantine est dans la rue, un jeune homme riche et arrogant passe devant elle et commence à se moquer d'elle.

— Que tu es laide[1] ! dit-il. Et puis, tu n'as même pas de dents ! Va te cacher !

Soudain, il ramasse un peu de neige et la fait glisser sur les épaules nues de Fantine. La jeune femme se jette alors sur le bourgeois, lui enfonce ses ongles dans le visage et l'insulte. Dérangés par le bruit, des curieux sortent d'un café pour voir ce qui se passe. Tout à coup, un homme s'approche de la foule : c'est Javert. Il saisit Fantine et la conduit au bureau de police. Là, il la condamne à six mois de prison.

---

1. **Laid** : contraire de *beau*.

Les Misérables

— Six mois de prison ! hurle Fantine. Mais que deviendra ma fille, ma petite Cosette ? Je dois encore beaucoup d'argent aux Thénardier, monsieur l'inspecteur. Savez-vous cela ?

Les soldats saisissent la jeune femme pour la conduire en prison, mais un homme, entré quelques minutes auparavant, les empêche de passer et ordonne à Javert de libérer Fantine. C'est monsieur Madeleine, devenu maire de Montreuil-sur-Mer depuis qu'il a sauvé Fauchelevent. Fantine comprend à cet instant qu'elle n'a pas été renvoyée de l'usine par monsieur Madeleine. Ce dernier se sent cependant responsable de la misère de Fantine.

— Je paierai vos dettes. Je m'occuperai de vous et de votre enfant. Vous redeviendrez honnête en redevenant heureuse.

Monsieur Madeleine conduit Fantine, qui est malade, chez des religieuses pour que celles-ci la soignent. En attendant sa guérison, il envoie de l'argent aux Thénardier. Malheureusement, la santé de Fantine se dégrade rapidement. Quelques jours plus tard, un médecin vient examiner la jeune femme : selon lui, Fantine est condamnée, il n'y a aucun espoir. Monsieur Madeleine doit donc faire vite s'il veut réunir Cosette et sa mère. « Puisqu'il le faut » pense-t-il « j'irai moi-même chercher l'enfant. » Il écrit alors une lettre qu'il fait signer à Fantine et qu'il portera aux Thénardier :

> Monsieur Thénardier, vous remettrez Cosette au porteur de cette lettre qui vous paiera toutes les dettes.
>
> Fantine

Le lendemain, avant son départ pour Montfermeil, monsieur Madeleine voit arriver Javert dans son bureau.

— Eh bien, Javert, que voulez-vous ? demande-t-il.

— Monsieur le maire, chassez-moi, car je vous ai dénoncé à la préfecture de Paris comme étant un ancien forçat.

— Un ancien forçat, dites-vous ?

— Oui, un certain Jean Valjean, que j'ai connu il y a vingt ans lorsque je travaillais au bagne de Toulon. À sa sortie de prison, il paraît qu'il a pris l'argenterie d'un évêque et qu'en chemin, il a volé un enfant. On le cherche depuis huit ans, et en vous voyant soulever cette charrette pour sauver le paysan Fauchelevent, j'ai cru que c'était vous.

— Et que vous a-t-on dit à la préfecture ?

— Que j'étais fou... Et on avait raison car on a arrêté le véritable Jean Valjean.

À ces mots, monsieur Madeleine laisse tomber la feuille qu'il tenait à la main.

— Dans la prison d'Arras, poursuit Javert, il y a un certain Champmathieu qui a été arrêté pour avoir volé des pommes. Un ancien forçat du bagne de Toulon l'a reconnu comme étant Jean Valjean. Champmathieu nie, mais je suis allé dans la prison. Il n'y a pas de doute : même âge, même taille, même allure. C'est bien lui, c'est bien Jean Valjean ! Il y a récidive, il risque la perpétuité. Le procès a lieu demain, à Arras.

Il s'arrête un instant, puis ajoute :

— Je vous ai soupçonné injustement, monsieur le maire, pardonnez-moi. Je demande donc à être destitué de mes fonctions.

Javert salue le maire, puis sort du bureau. La révélation de l'inspecteur de police plonge monsieur Madeleine, alias Jean Valjean, car il s'agit bien de lui, dans une grande confusion. Il est

Monsieur Madeleine

confronté à un douloureux dilemme : doit-il laisser la justice
condamner Champmathieu pour se débarrasser de son passé, ou
bien se dénoncer pour sauver un innocent ? Depuis sa rencontre
avec Monseigneur Myriel, Jean Valjean ne souhaite que deux
choses : oublier son passé et faire le bien. Après une longue nuit
d'hésitation, sa conscience l'emporte : il décide donc de se
sacrifier et de délivrer le faux Jean Valjean.

— Eh bien ! dit-il à voix haute. Faisons notre devoir ! Sauvons
cet homme !

Pour arriver en temps et en heure à Arras, il doit partir au
milieu de la nuit. Il va chez un loueur de chevaux et réserve un
fiacre [1]. Il se rend ensuite auprès de Fantine et lui promet
l'arrivée prochaine de Cosette.

Le lendemain, il arrive dans la ville d'Arras en fin d'après-midi.
Quand il entre dans la salle d'audience du palais de justice,
l'affaire Champmathieu est déjà commencée depuis deux heures.
Lorsqu'il aperçoit l'homme, assis entre deux gendarmes, il croit
se voir en plus vieux. Quelques instants plus tard, le président
fait entrer les témoins : Cochepaille et Chenildieu, deux forçats
condamnés à perpétuité. Tous deux déclarent reconnaître
l'accusé comme étant Jean Valjean. À ce moment-là, monsieur
Madeleine se lève et dit d'une voix sévère :

— Cochepaille, Chenildieu ! Regardez par ici !

Tout le monde se retourne vers lui. Le président et l'avocat
général s'écrient en même temps :

— Monsieur Madeleine !

Entre-temps, ce dernier s'est approché des deux témoins.

1. **Un fiacre** : à l'époque, voiture tirée par un cheval.

Les Misérables

— Vous ne me reconnaissez pas ? dit-il. Et pourtant, je vous reconnais, moi ! Chenildieu, tu as toute l'épaule droite brûlée, et toi, Cochepaille, tu as une date gravée en lettres bleues sur le bras gauche. Monsieur le président, faites-moi arrêter car je suis Jean Valjean.

À ces mots, tout le monde le regarde d'un air étonné.

— Je ne veux pas déranger davantage l'audience, reprend Jean Valjean. Je m'en vais car j'ai plusieurs choses à régler. Monsieur l'avocat général sait qui je suis, il sait où je vis, il me fera arrêter quand il voudra.

Jean Valjean quitte la salle d'audience et retourne à Montreuil-sur-Mer. Quand il arrive dans la ville, il se rend auprès de Fantine, très malade, qui croit qu'on lui amène sa fille. Dans son délire, Fantine entend une petite fille chanter dans la cour et pense que c'est Cosette.

Tout à coup, un homme ouvre la porte de la chambre : c'est Javert ! Fantine pense qu'il vient pour elle.

— Monsieur le maire, sauvez-moi ! hurle-t-elle.

Javert se met à rire. Il saisit Jean Valjean par le col et crie :

— Il n'y a plus de monsieur le maire, ici !

Jean Valjean regarde Fantine et lui dit de sa voix la plus douce et la plus calme :

— Soyez tranquille, ce n'est pas pour vous qu'il vient… Monsieur, dit-il ensuite à Javert à voix basse, je voudrais vous dire un mot seul à seul.

— Tout haut ! Parle tout haut ! répond Javert. On me parle tout haut à moi !

— Accordez-moi trois jours pour aller chercher l'enfant de cette malheureuse femme !

— Tu plaisantes ! crie Javert. Tu me demandes trois jours pour t'en aller !

En entendant ces propos, Fantine se redresse sur le lit et s'écrie :

— Cosette n'est pas ici, alors ? Mon enfant ! Allez chercher mon enfant !

Aussitôt après avoir prononcé ces mots, Fantine retombe sur le lit... morte. Javert saisit Jean Valjean et le conduit à la prison de la ville. Cependant, l'ancien forçat s'évade dans la nuit et part à pied en direction de Paris.

Malheureusement, il est repris quelques jours plus tard. À son procès, il renonce à se défendre et reconnaît le vol de la pièce de Petit-Gervais. On le condamne alors aux travaux forcés à perpétuité et il est envoyé au bagne de Toulon.

Quatre mois plus tard, un journal de Toulon publie ces quelques lignes :

17 novembre 1823. Hier, un forçat de corvée sur le bateau l'*Orion* s'est noyé après avoir sauvé un matelot, pris dans les cordes. Le cadavre n'a pas été retrouvé. Cet homme, emprisonné sous le numéro 9430, s'appelait Jean Valjean.

Compréhension écrite et orale

◈ DELF ❶ Écoutez attentivement l'enregistrement du chapitre, remettez les mots dans l'ordre, puis dites si les affirmations suivantes sont vraies (V) ou fausses (F).

		V	F

1 condamne / Fantine / prison / à / de / mois / Javert / six   ☐ ☐
....

2 Thénardier / monsieur / policiers / envoie / Madeleine / des / les / chez   ☐ ☐
....

3 de / préfecture / Javert / maire / le / Paris / monsieur / a dénoncé / à la   ☐ ☐
....

4 Valjean / de / Jean / le / en réalité / maire / est / Montreuil-sur-Mer   ☐ ☐
....

5 décide / se rendre / au / Jean / de / Valjean / ne pas / procès   ☐ ☐
....

6 a lieu / la / dans / le / ville / procès / d'Arras   ☐ ☐
....

7 dernière / Cosette / revoit / une / Fantine / fois / mourir / avant de   ☐ ☐
....

8 est / aux / forcés / Jean / à perpétuité / condamné / travaux / Valjean   ☐ ☐
....

❷ Écoutez attentivement l'enregistrement, puis remettez le résumé de l'affaire Dreyfus dans l'ordre chronologique.

piste 06

A ☐ En septembre 1894, le capitaine Alfred Dreyfus, juif d'origine alsacienne, est accusé, sur une simple ressemblance d'écriture, d'avoir fourni des documents militaires français confidentiels à l'Allemagne.

B ☐ Après bien d'autres révisions de procès, ce n'est finalement qu'en 1906 que Dreyfus est définitivement déclaré innocent par la Cour de cassation de Paris. Réhabilité, il est réintégré dans l'armée au grade de commandant et il participe à la Première Guerre mondiale. Il meurt en 1935.

C ☐ Arrêté et jugé coupable, il est dégradé et déporté à vie sur l'île du Diable, en Guyane. En France, à part sa propre famille, tout le monde est convaincu de sa culpabilité.

D ☐ La France est alors partagée en deux clans : les dreyfusards (intellectuels, socialistes, républicains et antimilitaristes) et les antidreyfusards (la droite nationaliste, antisémite et cléricale).

E ☐ En mars 1896, le colonel Picquart découvre que le véritable auteur du dossier est le commandant Esterházy, mais l'État-major refuse de revenir sur son jugement. La famille du capitaine demande le procès d'Esterházy, qui est acquitté à l'unanimité en janvier 1898.

F ☐ Après l'acquittement d'Esterházy, l'écrivain Émile Zola publie dans le journal *L'Aurore* une lettre ouverte intitulée *J'accuse*. Dans cette lettre, il prend la défense de Dreyfus et dénonce les militaires qui ont falsifié des documents pour sauver l'honneur de l'armée.

Enrichissez votre **vocabulaire**

1 Complétez le texte sur la division administrative en France avec les mots proposés.

> arrondissement   canton   commune
> département (x2)   État   région

La ¹ .... de Cadaujac fait partie du canton de La Brède.
Le ² .... de La Brède fait à son tour partie de l' ³ ....
de Bordeaux qui appartient au ⁴ .... de la Gironde. Le
⁵ .... de la Gironde se trouve dans la ⁶ .... Aquitaine.
L'Aquitaine est l'une des vingt-deux régions de l' ⁷........................ français.

41

2 Les mots suivants appartiennent au champ lexical de la justice. Associez chaque mot à la définition correspondante.

a	le palais de justice	e	l'avocat
b	le témoin	f	le prétoire
c	le juge	g	le greffier
d	l'accusé	h	plaider

1 ☐ Édifice où se déroulent les procès.
2 ☐ Fonctionnaire qui assiste le juge dans l'exercice de ses fonctions.
3 ☐ Personne qui défend les intérêts de quelqu'un ou de quelque chose.
4 ☐ Salle d'audience d'un tribunal.
5 ☐ Personne qui a vu ou sait quelque chose et le dit au tribunal.
6 ☐ Personne soupçonnée d'avoir commis un délit ou un crime.
7 ☐ Magistrat rendant la justice et appliquant les lois.
8 ☐ Défendre une cause devant les juges.

Grammaire

Participe présent, gérondif et adjectif verbal

Le participe présent
Pour former le participe présent, on ajoute le suffixe **-ant** au radical de la première personne du pluriel de l'indicatif présent.
Nous **parl**-ons → parl-**ant**   Nous **dev**-ons → dev-**ant**
Nous **finiss**-ons → finiss-**ant**   Nous **voul**-ons → voul-**ant**

Attention !
Être → **étant**   Avoir → **ayant**   Savoir → **sachant**

Le participe présent est invariable et il correspond souvent à une proposition relative. Il se rapporte au substantif le plus proche.
Je cherche un homme **pouvant** soulever cette charrette. (= **qui peut** soulever cette charrette)

ACTIVITÉS

Le gérondif
On forme le gérondif en faisant précéder le participe présent de **en**. On utilise un gérondif lorsque :
• le sujet est le même pour la proposition principale et le gérondif ;
• l'action de la proposition principale et celle du gérondif sont simultanées.
En s'évadant du bagne, Jean Valjean risque la prison à perpétuité.

L'adjectif verbal
L'adjectif verbal s'accorde en genre et en nombre avec le nom qu'il détermine. Il ne peut pas être suivi d'un complément, mais il peut accompagner le verbe **être** et être précédé d'un adverbe.
Ces couleurs sont très changeantes.

1 Mettez les verbes entre parenthèses au participe présent.

1 Javert cherche des témoins (*avoir*) .... vu Jean Valjean.

2 Les femmes (*prendre*) .... soin de Fantine sont des religieuses.

3 (*Être*) .... devenu honnête, Jean Valjean se livre à la police.

4 Il cherche des personnes (*pouvoir*) .... soulever la charrette.

5 (*Vouloir*) .... sauver un innocent, Jean Valjean se rend au tribunal d'Arras.

6 (*Ne pas savoir*) .... lire, Fantine va voir l'écrivain public.

2 Remplacez les expressions soulignées par un gérondif.

1 Pendant qu'il allait à Arras, Jean Valjean a rencontré Javert.
....

2 Si tu disais la vérité, tu pourrais être libéré.
....

3 Si vous présentiez vos excuses, vous pourriez être pardonnés.
....

Production écrite et orale

DELF **1** Un jour, alors que vous marchez tranquillement dans la rue, vous assistez à une bagarre. Racontez cet événement en quelques lignes.

43

Bagnards et forçats

Des galères aux bagnes

Entre 1680 et 1748, il existait en France un régime carcéral assez particulier : les galères (navires à voiles et à rames). Les prisonniers, coupables de crimes souvent dérisoires (le vol d'un pain, par exemple), étaient condamnés à être enchaînés à l'aviron [1] et à ramer sans cesse. Ils n'avaient le droit de quitter leur place ni pour manger ni pour dormir. Héritage de la Rome antique, les galères sont réintroduites sous l'Ancien Régime par Louis XIV pour deux raisons : punir les condamnés et fournir aux navires les rameurs dont ils ont besoin. Avec l'apparition des canons, Louis XV juge les galères inefficaces et il les supprime en 1748. On envoie alors les criminels dans les bagnes. Le bagne de Toulon, construit en 1748, était l'établissement pénitentiaire le plus grand de France : en effet, il

pouvait accueillir plus de 4 000 forçats ! Il n'a été fermé qu'en 1873.

La vie des forçats au bagne

C'est par groupes de vingt-quatre et enchaînés par le cou que les bagnards, également appelés *forçats*, arrivent au bagne. Dès leur arrivée, on leur tond les cheveux et ils reçoivent un uniforme composé

Forçats enchaînés.

1. **Un aviron** : barre en bois utilisée pour faire avancer un bateau.

d'une chemise de toile écrue, d'un gilet de laine rouge, d'une paire de chaussures, d'un pantalon de drap jaune et d'un bonnet en laine dont la couleur varie selon la peine : vert pour les condamnés à perpétuité, rouge pour les autres. Ensuite, le nouveau forçat est attaché à un ancien bagnard par une chaîne pouvant peser de sept à onze kilos.

Au bagne, les forçats font toutes sortes de travaux, parfois très fatigants et très dangereux. Ils travaillent tous les jours, excepté le dimanche où ils se reposent en écoutant la lecture du règlement. Ils se lèvent à six heures (une heure plus tôt l'été) et travaillent de sept heures à midi, puis de une heure à huit heures du soir (neuf heures l'été). À Toulon, pendant les trois premières années de leur emprisonnement, les forçats effectuent la « grande fatigue », c'est-à-dire les travaux les plus exténuants, et ils ne peuvent boire que le matin et le soir. La vie au bagne est donc extrêmement difficile et les règles sont très strictes : si un forçat frappe un surveillant ou tue son

Galère du XVIIᵉ siècle.

camarade de chaîne, il est guillotiné devant tous les détenus. Les forçats dorment sur de grands bancs en bois : à l'extrémité de ces bancs se trouvent des anneaux en fer auxquels ils sont enchaînés pendant la nuit. Seuls les condamnés ayant une conduite irréprochable peuvent espérer avoir un matelas ou des couvertures. Les repas des forçats sont relativement rudimentaires : ils se composent de pain noir, de fèves, de légumes secs et, les jours de travaux, de viande et de vin.

Compréhension écrite

DELF **1** Lisez attentivement le dossier, puis dites si les affirmations suivantes sont vraies (V) ou fausses (F).

		V	F
1	Les galères ont existé en France de 1660 à 1738.	☐	☐
2	Les galères sont des navires à voiles et à rames.	☐	☐
3	Les prisonniers purgeaient leur peine attachés à la voile.	☐	☐
4	Les galères sont supprimées par Louis XV en 1748.	☐	☐
5	Le bagne de Toulon pouvait accueillir plus de 40 000 forçats.	☐	☐
6	Les forçats arrivaient au bagne enchaînés par le cou et par groupes de vingt-quatre.	☐	☐
7	Le bonnet rouge était donné aux condamnés à perpétuité.	☐	☐
8	Les bagnards faisaient des travaux très fatigants.	☐	☐
9	À Toulon, les trois premières années, les forçats effectuaient la « petite fatigue ».	☐	☐
10	Les forçats dorment sur des bancs en pierre sans être enchaînés.	☐	☐

CHAPITRE **4**

Cosette

Nous sommes à Montfermeil le soir de Noël de l'année 1823. Plusieurs clients se sont arrêtés pour passer la nuit dans l'auberge des Thénardier, connue dans les alentours sous le nom de *Cabaret du sergent de Waterloo*. Thénardier est très fier de ce surnom. En effet, il raconte fréquemment qu'il a sauvé, à Waterloo, un général gravement blessé. En réalité, il ne voulait pas le sauver, mais le voler...

Cosette, qui a maintenant huit ans, fait tout dans l'auberge : elle lave, brosse, frotte... et madame Thénardier la frappe souvent.

Ce soir-là, Cosette est sous la table de la cuisine en train de tricoter des bas de laine pour les petites Thénardier qui jouent dans la pièce voisine. Elle est pieds nus et porte de vieux vêtements troués. De temps en temps, on entend un enfant qui crie. Il s'agit du dernier-né de la famille, un petit garçon d'environ trois ans.

Les Misérables

Soudain, l'un des clients se lève et dit d'une voix sévère :

— On n'a pas donné à boire à mon cheval !

En entendant ces mots, Cosette se met à trembler de peur car il n'y a plus d'eau dans la fontaine, et la source est située dans les bois, à un quart d'heure de l'auberge. Dehors, il fait déjà nuit noire.

— Va porter de l'eau au cheval de monsieur, ordonne madame Thénardier.

— Mais... il n'y a plus d'eau dans la fontaine, dit Cosette d'une voix faible.

— Eh bien, va en chercher à la source ! dit la femme en ouvrant la porte de l'auberge. Et puis, prends cette pièce de quinze sous. En revenant, tu prendras un pain chez le boulanger.

Cosette met la pièce dans la poche de son tablier, baisse la tête, va prendre un seau vide près de la cheminée et sort. C'est Noël : toute la rue est illuminée. Elle passe devant la boutique de jouets et admire encore une fois « la dame ». « La dame », comme elle l'appelle, est une poupée magnifique. « Il faut être une reine ou au moins une princesse pour avoir une poupée comme celle-ci », pense la petite Cosette en traînant le seau.

Arrivée à la source, elle prend appui sur un arbre, se penche, plonge le seau dans l'eau, puis le pose presque plein sur l'herbe. L'effort a été si violent que Cosette est obligée de se reposer un peu. Après quelques instants, elle se relève, prend le seau à deux mains, fait quelques pas, puis le repose à terre pour reprendre sa respiration. « Il me faudra plus d'une heure pour retourner à l'auberge », pense-t-elle. Soudain, elle sent que le seau ne pèse plus rien. Une main énorme l'a saisi. Cosette lève les yeux et aperçoit un homme grand et robuste à côté d'elle. Étrangement, elle n'a pas peur de lui : il y a des instincts pour toutes les rencontres de la vie.

— Mon enfant, c'est bien lourd ce que tu portes là, dit l'homme d'une voix grave. Quel âge as-tu, petite ?

— Huit ans, répond Cosette.

— Et où vas-tu avec un seau si lourd ?

— À l'auberge des Thénardier.

L'homme s'arrête, pose le seau par terre, met ses deux mains sur les épaules de l'enfant et lui demande :

— Comment t'appelles-tu ?

— Cosette.

L'inconnu sent comme une secousse électrique dans tout le corps. Il reprend le seau, puis se remet à marcher. Quelques minutes plus tard, lorsqu'ils sont presque arrivés à l'auberge, l'enfant prend le bras de l'homme et lui dit :

— Pouvez-vous me rendre le seau, s'il vous plaît ?

— Pourquoi ?

— Madame Thénardier va me battre si elle voit que l'on m'a aidée...

Lorsque l'homme et Cosette entrent dans l'auberge, madame Thénardier s'exclame :

— Eh bien, tu en as mis du temps ! Allez, dépêche-toi !

— Madame, dit Cosette d'une voix tremblante, voilà un monsieur qui souhaite dormir ici...

Tandis que Cosette reprend immédiatement sa place sous la table, madame Thénardier examine rapidement l'étranger. Ses vêtements et son bagage traduisent immédiatement sa condition : il s'agit d'un pauvre.

— C'est quarante sous, et on paie d'avance ! dit la Thénardier.

— Quarante sous, c'est d'accord, dit l'homme qui ne quitte pas Cosette des yeux.

Après un instant de silence, la Thénardier demande à Cosette :

— À propos, et le pain ?

— La boulangerie était fermée, ment Cosette.

— Rends-moi la pièce de monnaie, alors ! ordonne madame Thénardier.

Cosette met la main dans la poche de son tablier et découvre qu'elle est vide... Où est la pièce ? « Elle est peut-être tombée dans l'eau quand je me suis penchée » pense-t-elle. Cosette est effrayée car elle voit madame Thénardier prendre le fouet accroché au mur.

Discrètement, l'étranger prend une pièce de vingt sous dans la poche de son gilet et dit :

— Pardon, madame, j'ai vu quelque chose tomber de la poche du tablier de cette enfant.

Il se baisse et fait semblant de ramasser la pièce de monnaie par terre.

— C'est peut-être ça ? demande-t-il en se relevant.

— Oui, c'est ça, dit la Thénardier.

Elle sait très bien que ce n'est pas la pièce qu'elle a donnée à Cosette, mais elle y trouve son compte. À ce moment-là, Éponine et Azelma entrent dans le salon et s'installent autour de la cheminée pour jouer avec leur poupée. Cosette, qui est en train de tricoter des bas en laine, s'arrête un instant et regarde jouer les deux petites Thénardier.

— Alors, c'est comme ça que tu travailles ! s'écrie la Thénardier en menaçant de fouetter la pauvre enfant.

— Madame, dit l'étranger, laissez-la jouer !

— Il faut qu'elle travaille puisqu'elle mange, répond la Thénardier. Je ne la nourris pas à ne rien faire.

— Et qu'est-ce qu'elle fait ?

— De nouveaux bas pour mes petites. Ceux qu'elles ont sont usés.

Les Misérables

L'homme regarde Cosette et ses petits pieds nus et rouges. Il prend une pièce de cinq francs et la donne à madame Thénardier pour acheter les bas de laine que Cosette est en train de tricoter.

— Maintenant, tu peux jouer, mon enfant. Ces bas sont à moi.

Cosette, toute tremblante, n'ose pas bouger. Après quelques secondes d'hésitation, elle demande à la Thénardier :

— Madame, est-ce que c'est vrai ? Est-ce que je peux jouer ?

— Oui, répond la Thénardier d'une voix terrible. Joue !

Entre-temps, Éponine et Azelma ont abandonné leur poupée pour s'amuser avec le chat. Cosette la prend et se met à jouer. Quelques minutes plus tard, la patronne de l'auberge s'exclame :

— Cosette ! Qui t'a permis de prendre la poupée de mes filles ?

La pauvre enfant pose alors doucement la poupée par terre et se met à pleurer. C'était la première fois qu'elle jouait avec une vraie poupée. Quand elle relève la tête, elle voit l'homme s'approcher d'elle. Il tient dans ses mains « la dame ».

— C'est pour toi, dit-il à Cosette en lui donnant la magnifique poupée.

Un grand silence envahit l'auberge. Éponine et Azelma s'arrêtent de jouer et regardent Cosette avec envie.

— C'est vrai, monsieur ? demande Cosette. Elle est à moi, « la dame » ?

L'homme fait un signe affirmatif de la tête. On dirait qu'il a les yeux remplis de larmes.

— Je vais l'appeler Catherine, dit Cosette d'une voix très douce.

Le lendemain matin, au moment de payer sa note, l'homme propose d'emmener Cosette avec lui contre une grosse somme d'argent. Les Thénardier hésitent, puis acceptent finalement la proposition de l'étranger.

Compréhension écrite et orale

DELF ① Lisez attentivement le chapitre, puis cochez la bonne réponse.

1 L'auberge des Thénardier est connue sous le nom de *Cabaret du sergent de*
a ☐ *Bungalow.* b ☐ *Waterloo.* c ☐ *Glasgow.*

2 Cosette a grandi. Elle a maintenant
a ☐ huit ans. b ☐ cinq ans. c ☐ dix-huit ans.

3 Cosette doit aller chercher de l'eau à la
a ☐ source. b ☐ fontaine. c ☐ rivière.

4 « La dame » que Cosette admire souvent est
a ☐ un pantin. b ☐ la Thénardier. c ☐ une poupée.

5 Pour dormir dans l'auberge des Thénardier, l'homme doit payer
a ☐ six sous. b ☐ dix sous. c ☐ quarante sous.

6 Cosette tricote pour Éponine et Azelma des
a ☐ pulls. b ☐ bas. c ☐ chaussons.

7 L'homme offre à Cosette
a ☐ « la dame ». b ☐ des bas. c ☐ un chat.

8 Cosette veut appeler sa poupée
a ☐ Cathy. b ☐ Catherine. c ☐ Karine.

② Relisez le chapitre, puis dites de quel(s) personnage(s) il s'agit.

1 Il a sauvé un général. ....
2 Elle frappe souvent Cosette. ....
3 Il aide Cosette à porter le seau. ....
4 Elle a les pieds nus et rouges. ....
5 Il achète les bas que tricote Cosette. ....
6 Elles jouent à la poupée. .... et ....

Grammaire

Les pronoms personnels groupés

On parle de pronoms personnels groupés lorsqu'un pronom personnel complément d'objet direct et un pronom personnel complément d'objet indirect se trouvent dans la même phrase. Le pronom complément d'objet direct précède le pronom complément d'objet indirect sauf à la troisième personne du singulier et du pluriel où l'ordre est inversé.

Je _vous_ donne le _seau_.   Cosette donne _le seau_ _à Jean Valjean_.
Je **vous** (COI) **le** (COD) donne.   Cosette **le** (COD) **lui** (COI) donne.

me	le/la/les	_Il_ **me le** _donne._
te	le/la/les	_Il_ **te le** _donne._
le	lui/leur	_Il_ **le lui** _donne._
la	lui/leur	_Il_ **la lui** _donne._
nous	le/la/les	_Il_ **nous le** _donne._
vous	le/la/les	_Il_ **vous le** _donne._
les	lui leur	_Il_ **les lui** _donne._

Attention !
À l'impératif affirmatif, les pronoms se placent après le verbe, **me** et **te** deviennent **moi** et **toi**, et les pronoms sont séparés par un trait d'union.
Donne-**le-moi** !   _Donne-**la-lui** !_   _Achetez-**les-vous** !_

1 Récrivez les phrases en remplaçant les mots soulignés par des pronoms personnels groupés.

1 Thénardier demande à Jean Valjean son adresse.
....

2 Il achète les bas de laine à Cosette.
....

3 Il offre une poupée à la fille de Fantine.
....

4 Cosette prête sa poupée à Éponine et Azelma.
....

5 Je paie la chambre d'hôtel aux Thénardier.
....

6 Il prépare le petit-déjeuner aux clients.
....

Enrichissez votre **vocabulaire**

1 Associez chaque mot à l'image correspondante.

a	des bas de laine	**d**	une poupée	**g**	un gilet
b	un tablier	**e**	un seau	**h**	un cheval
c	une poche	**f**	un fouet	**i**	une pièce de monnaie

Production écrite et orale

DELF **1** Racontez un réveillon de Noël ou du Premier de l'an qui vous a marqué(e).

DELF **2** Vous avez sûrement envié quelqu'un parce qu'il possédait un objet que vous vouliez. Racontez ce souvenir.

CHAPITRE 5

Le couvent des Bernardines

L'homme qui vient de récupérer Cosette n'est autre que Jean Valjean. L'ancien forçat n'est donc pas mort noyé comme tout le monde le pensait. Il s'est évadé du bagne en plongeant sous le bateau, puis il est allé à Montfermeil pour reprendre l'enfant comme il l'avait promis à Fantine.

Après une journée de marche, Jean Valjean arrive à Paris avec la petite Cosette endormie sur son dos. Il se dirige vers le boulevard de l'Hôpital et s'arrête au numéro 50 devant une maison en ruine, connue dans le quartier comme la *masure Gorbeau*. Cette maison, dont le rez-de-chaussée sert d'entrepôt à des horticulteurs, est inhabitée ou presque : seule une vieille femme habite au premier étage.

Jean Valjean prend une clé dans sa poche, ouvre la vieille porte en bois et monte à l'étage. Une fois dans sa chambre, il dépose Cosette sur son lit, allume une chandelle et regarde la petite dormir, ému et bouleversé.

Le lendemain matin, Cosette se réveille en sursaut en entendant le bruit d'une charrette dans la rue.

— Oui, madame ! crie-t-elle. Voilà, j'arrive !

Elle sort rapidement du lit et, lorsqu'elle ouvre complètement les yeux, elle voit le visage souriant de Jean Valjean.

— Ah, c'est vrai ! dit l'enfant. Bonjour, monsieur.

Cosette aperçoit Catherine, sa poupée, au pied du lit. Elle la prend et commence à jouer tout en posant de nombreuses questions à Jean Valjean. Soudain, elle s'exclame :

— C'est joli, ici !

La chambre est en réalité affreuse, mais, pour la première fois, Cosette se sent heureuse.

— Est-ce que je dois balayer ? demande-t-elle.

— Joue, répond Jean Valjean.

Cosette passe alors ses journées à jouer, à chanter et à rire dans la chambre de la *masure Gorbeau*. Jean Valjean lui parle de sa mère, la fait prier et lui apprend à lire. Cosette l'appelle « père ». Même s'il se sent en sécurité, l'ancien forçat ne sort avec Cosette qu'une heure ou deux, au crépuscule.

Les semaines passent. Jean Valjean et Cosette vivent heureux dans leur chambre misérable. Un jour, à la fin de l'hiver, alors que Jean Valjean passe près de l'église Saint-Médard, il aperçoit un pauvre qui demande l'aumône. Il s'approche et lui donne une pièce en argent. Le mendiant lève les yeux, regarde fixement Jean Valjean, puis baisse rapidement la tête. L'ancien forçat recule, terrorisé. Dans la lumière du réverbère, il lui semble avoir reconnu le visage de Javert. « C'est impossible, je rêve ! » pense-t-il.

Les Misérables

Il revient à la *masure Gorbeau*, se couche, mais n'arrive pas à dormir. Le lendemain soir, il retourne près de l'église et voit de nouveau le mendiant. Il s'approche et lui donne une pièce. Le pauvre lève la tête et dit :

— Merci, mon bon monsieur.

Ce n'est pas Javert. Jean Valjean se sent rassuré. Quelques jours plus tard, alors qu'il apprend l'orthographe à Cosette, il entend un bruit de pas dans l'escalier. Il éteint la chandelle, couche la petite et s'allonge sur son lit. Effrayé, il n'arrive pas à fermer l'œil de la nuit. Le lendemain, il interroge la vieille femme qui lui dit qu'un nouveau locataire [1], un certain monsieur Daumont, est arrivé. Jean Valjean a peur : il se sent surveillé. Le soir même, il prend Cosette par la main et ils quittent tous les deux la *masure Gorbeau*.

L'enfant le suit sans poser de questions. Jean Valjean ne sait pas où aller pour se cacher : il marche au hasard dans les rues du quartier Mouffetard, regardant toujours derrière lui pour voir s'il n'est pas suivi. Soudain, il se retourne et aperçoit distinctement quatre hommes vêtus d'un long manteau noir.

— Vite, dépêchons-nous, dit Jean Valjean à Cosette.

À un carrefour, Jean Valjean se cache sous une porte cochère pour voir ceux qui le suivent. Quelques instants plus tard, ses poursuivants arrivent. Ils s'arrêtent et se regroupent pour décider de la direction à prendre. Soudain, l'un d'eux se retourne. La lune éclaire entièrement son visage. Jean Valjean le reconnaît parfaitement : c'est Javert !

L'ancien forçat profite de l'hésitation des quatre hommes pour sortir de sa cachette et se diriger vers le pont d'Austerlitz. Il

---

1. **Un locataire** : personne qui donne de l'argent pour habiter dans une maison ou un appartement.

accélère le pas, mais Cosette est fatiguée, et il doit la porter dans ses bras. Une fois qu'il a traversé le pont, il se retourne et aperçoit les quatre ombres à l'entrée du pont. Il prend alors une rue très étroite, espérant arriver jusqu'aux marais. Malheureusement, au bout de trois cents mètres, il arrive devant un mur : la rue est un cul-de-sac [1]. Que faire ? Il lève les yeux et aperçoit les branches d'un tilleul au-dessus du mur. Jean Valjean est capable d'escalader n'importe quel mur grâce à sa force, mais ce soir-là, la difficulté est de taille [2] : il doit porter Cosette et le moindre poids peut le déséquilibrer et le faire tomber. Il lui faut donc une corde. Mais où la trouver ? Il aperçoit alors le poteau du réverbère que les allumeurs font monter et descendre à l'aide d'une corde. Il l'attrape et la passe autour du corps de Cosette, qui lui dit tout bas :

— Père, j'ai peur. Qu'est-ce qui se passe ?

— Chut ! répond le pauvre homme. Ne dis rien, laisse-moi faire. C'est la Thénardier qui te cherche pour te reprendre.

Jean Valjean commence à escalader le mur. Arrivé en haut, il tire sur la corde et hisse Cosette. Il la met sur son dos, se laisse glisser le long du tilleul et arrive dans un grand jardin. Cosette, toute tremblante, se serre contre lui. De l'autre côté du mur, on entend le bruit des policiers et la voix de Javert.

— Fouillez la rue ! Il doit être là !

Jean Valjean n'ose ni bouger ni respirer. Un quart d'heure plus tard, la rue est de nouveau silencieuse. La petite s'est endormie, mais elle a très froid : ses mains sont glacées. Jean Valjean la couvre de son manteau.

— Cosette, dit-il à voix basse pour la réveiller.

---

1. **Un cul-de-sac** : rue où il n'y a pas de sortie.
2. **Être de taille** : qui a de grandes proportions, une grande importance.

Les Misérables

Mais Cosette n'ouvre pas les yeux... L'ancien forçat la secoue vigoureusement, mais Cosette ne se réveille toujours pas. Jean Valjean sait que le sommeil peut être mortel lorsque l'on a trop froid. Il écoute le souffle de l'enfant : sa respiration est faible, prête à s'éteindre... « Il faut absolument que je trouve un abri » pense-t-il.

Soudain, il entend une voix d'homme et il se précipite vers lui en criant :

— Cent francs ! Cent francs pour vous si vous me donnez un abri pour la nuit !

— Tiens, mais c'est vous, monsieur Madeleine ! C'est incroyable de vous voir ici !

Il s'agit de Fauchelevent, le vieux charretier que l'ancien forçat a sauvé deux ans auparavant !

— Père Fauchelevent, je vous ai sauvé la vie. C'est grâce à moi que vous êtes jardinier ici, au couvent des Bernardines du Petit-Picpus. Aujourd'hui, vous pouvez faire pour moi ce qu'autrefois, j'ai fait pour vous !

— Monsieur le maire, dit Fauchelevent, demandez-moi ce que vous voulez !

Un quart d'heure plus tard, Cosette dort bien au chaud dans le lit du vieux jardinier. Après avoir mangé un morceau de fromage, les deux hommes s'installent sur de la paille pour dormir. Soudain, Jean Valjean dit à Fauchelevent :

— Maintenant, je n'ai plus le choix : je dois rester ici.

— Oui, dit Fauchelevent, mais je suis le seul homme autorisé à vivre ici. Si l'une des religieuses vous voit, nous sommes perdus. Pour vous présenter à la mère supérieure, il faut vous faire sortir du couvent. Pour la petite, c'est facile, il n'y a qu'à la mettre dans un sac. Mais pour vous, comment faire ?

Fauchelevent réfléchit alors toute la nuit. Le lendemain matin, il va voir la mère supérieure et lui dit :

— Je suis âgé maintenant. Le jardin est très grand, je n'arrive plus à m'occuper de tout. Mais, j'ai un frère qui pourrait venir travailler ici. Il a une petite fille qu'il amènerait avec lui.

Après un long silence, la mère supérieure lui dit :

— Pourriez-vous, avant ce soir, vous procurer une barre de fer ?

— Pour quoi faire ? demande le jardinier, surpris.

La mère supérieure lui explique alors que mère Crucifixion est morte, et qu'elle a demandé à être enterrée sous l'autel.

— Mais… c'est défendu ! s'exclame Fauchelevent.

— Défendu par les hommes, mais ordonné par Dieu ! Nous avons besoin de vous pour enterrer mère Crucifixion dans la chapelle du couvent. Il faudra aussi remplir le cercueil de terre avant de le conduire au cimetière.

« Le cercueil ! Voilà comment faire sortir monsieur Madeleine du couvent ! » pense le jardinier. Puis, il dit à la mère supérieure :

— Je ferai tout ce que vous me demandez.

— Merci, père Fauchelevent. Demain, après l'enterrement, amenez-moi votre frère, et dites-lui de venir avec sa fille.

Le lendemain, Jean Valjean est reçu par la mère supérieure qui le nomme aide-jardinier. Cosette, elle, devient pensionnaire du couvent. Une vie très douce commence finalement pour la petite Cosette et pour Jean Valjean, devenu Ultime Fauchelevent. Les années passent et Cosette grandit, élevée par les religieuses qui espèrent la convaincre d'entrer plus tard dans les ordres [1].

---

1. **Entrer dans les ordres** : devenir religieux(-se).

Compréhension écrite et orale

1 Écoutez attentivement l'enregistrement du chapitre, puis répondez aux questions.

1 Comment Jean Valjean s'est-il évadé du bagne de Toulon ?

2 Comment s'appelle la maison dans laquelle s'installe Jean Valjean ?

3 Comment Cosette passe-t-elle ses journées ?

4 Pourquoi Jean Valjean et Cosette quittent-ils cette maison ?

5 Comment Jean Valjean réussit-il à sortir du cul-de-sac ?

6 Qui Jean Valjean rencontre-t-il dans le couvent des Bernardines ?

7 Comment le jardinier fait-il sortir Jean Valjean du couvent ?

8 À la fin du chapitre, que deviennent Jean Valjean et Cosette ?

Grammaire

L'imparfait et le plus-que-parfait de l'indicatif

L'imparfait
L'imparfait est un temps du passé. On l'utilise pour décrire une situation ou un paysage, parler de ses habitudes, indiquer une durée indéfinie.
*Jean Valjean **se promenait** souvent avec Cosette.*

Pour former l'imparfait, on ajoute **-ais**, **-ais**, **-ait**, **-ions**, **-iez**, **-aient** au radical de la deuxième personne du pluriel du présent de l'indicatif.
*Vous **all**-ez → vous all-**iez**   Vous **entend**-ez → vous entend-**iez***

Le plus-que-parfait
Le plus-que-parfait exprime un fait précédant un moment du passé. Il se compose de l'auxiliaire **avoir** ou **être** à l'imparfait et du participe passé du verbe.
Être : *j'avais été, tu avais été…*   **Avoir** : *j'avais eu, tu avais eu…*
Aller : *j'étais allé, tu étais allé…*   **Faire** : *j'avais fait, tu avais fait…*
*Puis, il est allé à Montfermeil pour reprendre l'enfant comme il l'**avait promis** à Fantine.*

1 Mettez les phrases à l'imparfait de l'indicatif.

1 Jean Valjean est un ancien forçat recherché pour vol.

....

2 Cosette va souvent se promener au bord de la rivière.

....

3 Javert n'a qu'un seul objectif : retrouver Jean Valjean.

....

4 Monsieur Madeleine aide souvent les mendiants.

....

5 Cosette joue tous les jours avec sa poupée.

....

6 Jean Valjean apprend l'orthographe à Cosette.

....

7 Javert poursuit Jean Valjean.

....

8 Fauchelevent travaille dans un couvent à Paris.

....

2 Conjuguez les verbes entre parenthèses au plus-que-parfait.

1 Quand Jean Valjean est arrivé, Cosette (*finir*) .... de faire ses devoirs.

2 Cosette avait une poupée que Jean Valjean lui (*acheter*) ....

3 Fauchelevent est l'homme que Jean Valjean (*sauver*) .... à Montfermeil.

4 Quand Javert est arrivé dans l'église, Fantine (*partir*) ....

5 Quand Jean Valjean a voulu réveiller Cosette, elle (*s'évanouir*) ....

6 Fauchelevent (*mettre*) .... Jean Valjean dans le cercueil avant de le faire sortir.

Enrichissez votre **vocabulaire**

1 Associez chaque mot à l'image correspondante.

a   une maison en ruine

b   un réverbère

c   une charrette

d   un carrefour

e   une porte cochère

f   un tilleul

Production écrite et orale

DELF **1** La pauvreté touche de plus en plus de personnes. Que faites-vous lorsque vous voyez un mendiant faire l'aumône dans la rue ? Expliquez pourquoi.

DELF **2** Racontez en quelques lignes la dernière fois que vous avez aidé quelqu'un.

PROJET INTERNET

Paris, son histoire et ses monuments

Rendez-vous sur le site www.blackcat-cideb.com. Cliquez ensuite sur l'onglet *Students,* puis sur la catégorie *Lire et s'entraîner.* Choisissez enfin votre niveau et le titre du livre pour accéder aux liens du projet Internet.

A Cliquez sur la rubrique « Histoire de Paris ».

▶ Quel est le cœur historique de la ville de Paris ?

▶ Comment s'appelle Paris pendant l'Antiquité ?

▶ Pendant quelle période la ville de Paris devient-elle la capitale de la France ?

▶ Que devient la Sorbonne après 1550 ?

▶ Quels monuments fait édifier Napoléon ?

▶ Que se passe-t-il sous le Second Empire ?

B Cliquez sur « Saint-Sulpice », sous « Histoire ».

▶ Quel est le style de l'église Saint-Sulpice ?

▶ À quelle date fut achevée l'église ?

▶ Quel écrivain célèbre s'est marié dans cette église ?

C Cliquez sur « Le Père-Lachaise », « Histoire ».

▶ Où se situe le cimetière du Père-Lachaise ?

▶ Quand le cimetière du Père-Lachaise a-t-il été créé ?

▶ Citez trois poètes, deux chanteurs et trois comédiens enterrés au Père-Lachaise.

CHAPITRE **6**

Marius Pontmercy

Cela fait maintenant huit ans que Jean Valjean et Cosette sont arrivés au couvent des Bernardines. La *masure Gorbeau* a maintenant de nouveaux locataires : il s'agit des Jondrette, une piste 09 famille misérable composée du père, de la mère, des deux filles et du fils, Gavroche, qui a cependant choisi de vivre dans la rue. Depuis quelques jours, les Jondrette ont un nouveau voisin : un étudiant très pauvre, nommé Marius.

Mais faisons mieux connaissance avec ce jeune homme. Orphelin de mère, Marius est élevé par monsieur Gillenormand, son grand-père, qui l'adore, mais ne le lui montre jamais et est même très dur avec lui. Monsieur Gillenormand est un fervent royaliste qui ne supporte ni l'Empire ni la révolution. Hélas, sa fille avait épousé un colonel de l'Empire. Lorsque sa fille meurt, monsieur Gillenormand menace de déshériter Marius si ce dernier ne lui est pas confié. Le colonel Pontmercy, le père de Marius, doit donc renoncer à élever son fils et promettre à son beau-père de ne jamais essayer de revoir son enfant. Georges Pontmercy vit à Vernon, une petite ville de l'Eure. Malgré sa promesse, il vient à Paris en secret tous les deux mois et il se rend dans l'église Saint-Sulpice pour voir son fils assister à la messe.

En grandissant, Marius devient un jeune homme généreux, fier et très digne. En 1827, il fête ses dix-sept ans. Un soir de cette année-là, son grand-père s'approche de lui, une lettre à la main.

— Marius, dit-il, tu partiras demain pour Vernon.

— Pourquoi ? demande Marius.

— Pour voir ton père. Il est malade et il te demande.

Le lendemain, lorsque Marius arrive à Vernon, il est déjà trop tard : son père est mort. La servante lui remet une lettre que Marius lit à voix haute.

> Pour mon fils. L'Empereur m'a fait baron sur le champ de bataille de Waterloo. Puisque la Restauration me conteste ce titre que j'ai payé de mon sang, mon fils le prendra et le portera. À cette même bataille de Waterloo, un sergent m'a sauvé la vie. Cet homme s'appelle Thénardier. Si mon fils le rencontre, il fera à Thénardier tout le bien qu'il pourra.

Marius n'est pas touché [1] par la mort de ce père qu'il n'a pas connu. Par respect, il conserve cependant la lettre et retourne à

---

1. **Être touché** : être triste, ému.

Paris. Quelques semaines plus tard, alors qu'il est en train de prier dans l'église Saint-Sulpice, un vieil homme, nommé monsieur Mabeuf, s'approche de lui et dit :

— Monsieur, c'est ma place. J'aime cette place. C'est ici que j'ai vu, pendant dix ans, la plus belle des preuves d'amour d'un père pour son fils. Cet homme venait voir son fils ici car il ne pouvait pas le voir autrement. En effet, son beau-père menaçait de déshériter l'enfant si le père entrait en contact avec lui. L'enfant ne s'est jamais douté que son père venait le voir. Le malheureux se mettait là, caché derrière ce pilier... Il regardait son fils et il pleurait. Il s'appelait quelque chose comme Pontmarie ou Montpercy...

— Pontmercy, dit Marius très pâle.

— Oui, c'est cela, Pontmercy. Vous le connaissiez ?

— Monsieur, dit Marius, c'était mon père.

Marius comprend alors combien son père l'a aimé. Il se rend à la bibliothèque et commence à lire toutes les histoires de la République et de l'Empire. La première fois qu'il rencontre le nom de son père dans les mémoires de la grande armée, il en a la fièvre toute une semaine. Après de nombreuses lectures, il comprend que son père était un homme rare, sublime et courageux. Un matin, monsieur Gillenormand fouille dans les affaires de son petit-fils et trouve, dans une petite boîte noire, la lettre écrite par le Colonel Pontmercy, ainsi que des cartes de visite imprimées au nom de « Baron Marius Pontmercy ».

Lorsque Marius arrive dans le salon, monsieur Gillenormand lui dit d'un ton ironique :

— Alors, Marius, tu es baron, maintenant ? Qu'est-ce que cela veut dire ?

Les Misérables

— Cela veut dire que je suis le fils de mon père, répond Marius.

— Ton père, c'est moi ! lui dit alors durement monsieur Gillenormand.

— Mon père, reprend Marius d'un ton sévère, était un homme humble et héroïque qui a glorieusement servi la République et la France, qui est mort dans l'oubli et l'abandon, et qui n'a eu qu'un tort, c'est de trop aimer deux ingrats : son pays et moi !

Monsieur Gillenormand est furieux. Il regarde son petit-fils avec mépris et lui dit :

— Un baron comme toi et un bourgeois comme moi ne peuvent pas rester sous le même toit. Va-t'en !

Marius quitte alors la maison de son grand-père. Il a trente francs en poche, sa montre et un sac contenant quelques vêtements. Il monte dans un fiacre et se dirige vers le Quartier latin, où il trouve finalement refuge dans un hôtel grâce à Courfeyrac, un étudiant rencontré par hasard au café *Musain*. En quelques jours, Marius et Courfeyrac deviennent amis. Ce dernier le présente aux membres des *Amis de l'A B C*, une société secrète comptant de nombreux étudiants qui s'intéressent aux questions politiques et sociales. Il y a Enjolras, un jeune homme pur et intransigeant, Combeferre, philosophe et théoricien, Jean Prouvaire, érudit et poète, Bahorel le révolutionnaire et Joly, le malade imaginaire du groupe.

Marius participe dès lors aux réunions secrètes de cette société, qui se déroulent dans l'une des salles du café *Musain*. Parallèlement, il poursuit ses études d'avocat et fait quelques traductions pour payer son hôtel. Mais cela ne suffit pas et, faute d'argent, il est bientôt obligé de vendre ses vêtements et sa montre. Finalement, il quitte l'hôtel et loue une chambre dans la *masure Gorbeau*.

Les Misérables

Marius est devenu très pauvre. Il mène une existence très dure, faite de jours sans pain, de soirs sans chandelle, de nuits sans sommeil et d'avenir sans espérance. Malgré tout cela, trois ans après avoir quitté son grand-père, il finit brillamment ses études et devient avocat. Il en informe son grand-père dans une lettre pleine de respect, mais très froide. Lorsqu'il reçoit la lettre, monsieur Gillenormand la prend en tremblant, la lit, puis la jette à la poubelle.

Pour conserver son indépendance et sa liberté, Marius refuse de plaider et, pour survivre, il travaille dans une librairie : il traduit des articles de journaux, annote des éditions et rédige des biographies. Sa seule distraction est d'aller faire de longues promenades solitaires au jardin du Luxembourg. Là, depuis plus d'un an, il observe, dans une allée déserte, un vieil homme et une jeune fille assis sur un banc. Comme les cheveux de l'homme sont très blancs, Marius l'a surnommé monsieur Leblanc. Un jour, alors qu'il marche dans l'allée, il croise le regard de la jeune fille et est ébloui par la beauté de ses yeux bleus et de son visage. Il rentre ensuite chez lui, envahi d'une sensation étrange : Marius est amoureux. Le lendemain et les jours suivants, il met des vêtements neufs, retourne au jardin du Luxembourg et s'assoit à la même place pour observer en cachette la jeune fille, qui semble, elle aussi, être tombée amoureuse de lui. Cependant, deux semaines plus tard, monsieur Leblanc et sa fille disparaissent brusquement et ne reviennent plus au jardin du Luxembourg. Marius essaie de découvrir l'adresse et l'identité de la belle inconnue, mais sans succès. Triste et découragé, le jeune homme se renferme dans sa solitude.

Compréhension écrite et orale

DELF **1** Écoutez attentivement l'enregistrement du chapitre, dites si les affirmations suivantes sont vraies (V) ou fausses (F), puis corrigez celles qui sont fausses.

		V	F
1	Les Fondrette sont les voisins de Marius.	☐	☐
2	Marius a été élevé par son grand-père, un partisan de l'Empire.	☐	☐
3	En 1827, Marius fête ses dix-sept ans.	☐	☐
4	Lorsque Marius arrive à Vernon, son père est encore vivant.	☐	☐
5	L'homme qui apprend à Marius qui était son père s'appelle Moneuf.	☐	☐
6	Courfeyrac présente Marius aux *Amis de l' X Y Z*.	☐	☐
7	Marius quitte la maison de son grand-père et finit ses études d'avocat.	☐	☐
8	Marius se promène souvent dans le jardin des Tuileries.	☐	☐
9	Lors de ses promenades, Marius tombe amoureux d'une jeune femme.	☐	☐
10	À la fin du chapitre, Marius se réconcilie avec son grand-père.	☐	☐

2 Qui était Napoléon Bonaparte ?

Écoutez attentivement l'enregistrement, entourez le mot qui convient, puis remplissez la fiche.

Né à Ajaccio le 15 *août/hotte/soute* 1769, Napoléon Bonaparte entre, à quinze ans, à l'École royale militaire de Paris et en sort *commandant/général/lieutenant*. Le 9 mars 1796, il *pousse/épouse/quitte* Joséphine de Beauharnais. En 1799, il prend le pouvoir par le coup d'État du 18 brumaire an VIII (9 novembre 1799) et devient Premier consul. Il dirige la France jusqu'au 18 mai 1804, date à laquelle il est nommé *empire/empereur/président* des Français sous le nom de Napoléon Ier. Le sacre a lieu le 2 décembre 1804 dans la cathédrale Notre-Dame. Napoléon commence ensuite une vaste campagne de conquêtes et devient roi d'Italie en 1805.

Les pays voisins ont peur de cet ancien général réputé *invincible/impassible/invaincu* et s'allient. Malgré cela, les armées napoléoniennes remportent victoire sur victoire : Austerlitz, Iéna, Eylau, Wagram. L'empire impose sa volonté à toute l'Europe, sauf à *l'Angleterre/l'Espagne/la Russie*. En 1812, l'Empereur envahie la Russie, mais, surpris par *la guerre/le froid/l'hiver*, les soldats doivent battre en retraite. Napoléon, obligé *d'abdiquer/de renoncer/de se sauver*, est exilé le 4 avril 1814 sur l'île d'Elbe. En 1815, il reprend le pouvoir pendant les *Mille-Jours/Cent-Jours/Dix-Jours* mais, suite à la défaite de Waterloo le 18 juin 1815, il est déporté sur l'île de Sainte-Hélène. Il y meurt le 5 mai 1821. Ses cendres reposent désormais à Paris, aux Invalides.

Date et lieu de naissance : ....

Nom de son épouse : ....

Date et lieu du sacre : ....

Principales victoires : ....

Date de la défaite de Waterloo : ....

Date et lieu du décès : ....

Grammaire

L'expression de la cause

Prépositions et locutions prépositives

- **à cause de** + nom/pronom
  À cause de son beau-père, le colonel Pontmercy ne peut plus voir son fils.
- **faute de** + nom/pronom/infinitif
  Faute d'argent, il est bientôt obligé de vendre ses vêtements.
- **grâce à** + nom/pronom
  C'est grâce à cela que Marius comprend combien son père l'a aimé.
- **par** + nom
  Courfeyrac est un étudiant rencontré par hasard au café Musain.

Adverbes et conjonctions de coordination

- **car/en effet** + proposition
  Cet homme venait voir son fils ici car il ne pouvait pas le voir autrement.

Conjonction de subordination

- **comme/parce que/étant donné que/puisque/du moment que/vu que** + indicatif
  Marius n'est pas touché par la mort de ce père parce qu'il ne l'a pas connu.
  Comme les cheveux de l'homme sont très blancs, Marius l'a surnommé monsieur Leblanc.

---

1 Complétez les phrases avec le mot qui convient. Attention ! Parfois, plusieurs solutions sont possibles.

1 Marius habite dans la *masure Gorbeau* .... il n'a pas d'argent.

2 .... de son grand-père, Marius n'a jamais connu son père.

3 Georges Pontmercy a continué à voir son fils. ...., il venait le voir à l'église Saint-Sulpice tous les deux mois.

4 .... à monsieur Mabeuf, Marius apprend que son père l'aimait.

5 .... il s'est disputé avec son grand-père, Marius a quitté la maison.

6 .... Courfeyrac est son ami, Marius participe aux réunions des *Amis de l'A B C.*

2 Associez chaque fin de phrase à son début.

1 ☐ Comme Gavroche veut être libre,
2 ☐ Vu que Marius est très pauvre,
3 ☐ Marius mange très peu
4 ☐ Monsieur Gillenormand déteste son gendre
5 ☐ Marius découvre qui était son père
6 ☐ Marius se rend à Vernon
7 ☐ Étant donné que Marius est orphelin,
8 ☐ Marius quitte sa famille

a il a été élevé par son grand-père.
b grâce à un certain monsieur Mabeuf.
c faute d'argent.
d il a dû quitter son hôtel.
e pour voir son père malade.
f à cause de son grand-père.
g il a décidé de vivre dans la rue.
h car il ne supporte ni l'Empire, ni la révolution.

Enrichissez votre **vocabulaire**

1 Relisez le chapitre, puis attribuez chaque adjectif au bon personnage.

> humble héroïque rare intransigeant fier
> digne courageux sublime pur

Marius	Colonel Pontmercy	Enjolras

2 Associez chaque mot à l'image correspondante.

a   une carte de visite   d   une chandelle

b   une boîte   e   une poubelle

c   une montre   f   une allée

Production écrite et orale

DELF **1** Racontez le plus beau souvenir de votre enfance avec un membre de votre famille.

2 Vous venez de réussir un examen. Vous écrivez à vos parents pour leur raconter votre joie et les remercier de leur soutien.

CHAPITRE 7

Jondrette

L'été puis l'automne passent. Marius n'a qu'un seul désir et qu'une seule pensée : revoir le doux et adorable visage de la belle inconnue du jardin du Luxembourg.

Un soir, alors qu'il marche en direction de la rue Saint-Jacques pour aller dîner, il est bousculé par deux jeunes filles très pauvres qui s'enfuient en courant. Il fait quelques pas et aperçoit une enveloppe grise sur le trottoir. Il se baisse et la ramasse.

— Elle doit probablement appartenir à ces malheureuses, dit-il.

Il met la lettre dans sa poche et continue son chemin. De retour à la *masure Gorbeau*, il décide d'ouvrir l'enveloppe. « Je découvrirai peut-être l'adresse de ces deux jeunes filles » pense-t-il. À l'intérieur, il trouve quatre lettres dans lesquelles l'expéditeur demande de l'argent à quatre personnes différentes.

Il les lit et remarque qu'elles portent toutes une signature différente, mais qu'elles sont toutes écrites de la même écriture. Finalement, n'ayant rien découvert de très intéressant, il met l'enveloppe dans un coin de sa chambre et se couche.

Le lendemain matin, quelqu'un frappe à sa porte. Marius ouvre et voit une jeune fille très maigre et mal vêtue qui tient une lettre à la main. Il a l'impression de l'avoir déjà vue quelque part.

— Que voulez-vous, mademoiselle ?

— C'est une lettre pour vous, monsieur Marius, répond la jeune fille.

Marius prend la lettre et commence à la lire.

> Mon aimable voisin,
> Ma fille aînée vous dira que nous sommes sans un morceau de pain depuis deux jours, et que mon épouse est malade. Je sais que vous avez un cœur généreux, et je vous serais infiniment reconnaissant si vous pouviez nous aider.
>
> Votre humble serviteur,
> Jondrette

Cette lettre est exactement comme les autres : la même écriture, le même style. Marius comprend que ses voisins sont encore plus pauvres que lui et que Jondrette exploite la charité des autres en utilisant ses filles comme messagers.

— Mademoiselle, dit Marius, j'ai quelque chose qui est à vous, je crois.

Il prend alors l'enveloppe grise et la donne à la jeune fille.

Les Misérables

— Ah ! Nous l'avons cherchée partout, cette enveloppe ! Je dois immédiatement remettre ces lettres ! dit-elle en s'en allant.

Marius s'allonge sur son lit et reste silencieux un long moment : il est triste de ne pas avoir vu la détresse des Jondrette avant. Plus tard, il se lève, observe le mur qui le sépare de ses voisins et aperçoit une petite fissure près du plafond. Il monte sur une chaise, approche son œil du trou et y regarde à travers : ses voisins vivent dans une pièce sale, misérable et sombre. Soudain, la jeune fille venue chez lui une heure auparavant entre dans la pièce et crie :

— Il vient !

— Qui ? demande le père.

— Le monsieur, le philanthrope !

— Le philanthrope ! s'exclame le père. Vite, éteignons le feu et cassons un carreau de la fenêtre pour paraître encore plus pauvres !

Quelques instants plus tard, quelqu'un frappe à la porte. Jondrette se précipite pour ouvrir.

— Entrez, monsieur ! Entrez, mon respectable bienfaiteur.

Un homme assez âgé et une jeune fille entrent dans la pièce. Marius, qui observe la scène, n'en croit pas ses yeux ! Il reconnaît immédiatement ce visage angélique : c'est elle, c'est la jeune fille du jardin du Luxembourg !

L'homme dépose un énorme paquet sur la table et dit à Jondrette :

— Monsieur, vous trouverez dans ce paquet des vêtements neufs et des couvertures de laine.

— Monsieur, répond Jondrette en s'inclinant jusqu'à terre, vous nous comblez. Malheureusement, demain, c'est le 4 février, et nous serons chassés d'ici et jetés dans la rue si nous ne payons

Les Misérables

pas notre loyer avant ce soir ! Je dois soixante francs !

— Ne vous inquiétez pas, dit l'homme. Je reviendrai ce soir à six heures pour vous donner l'argent.

— Mon bienfaiteur ! s'écrie Jondrette. Merci ! Mille fois merci !

Jondrette accompagne ensuite monsieur Leblanc et sa fille dans la rue. Marius veut les suivre, et après un instant de réflexion, il sort de sa chambre et descend rapidement les escaliers. Malheureusement, lorsqu'il arrive dans la rue, il voit le fiacre partir, et il n'a pas assez d'argent pour en prendre un. Déçu, il remonte dans sa chambre et croise dans le couloir la fille aînée des Jondrette.

— Monsieur Marius, dit-elle, vous avez l'air triste. Qu'est-ce que vous avez ?

— Eh bien, vous avez amené ici ce vieux monsieur et sa fille... Connaissez-vous leur adresse ?

— Non.

— Pouvez-vous la trouver ? Je vous donnerai tout ce que vous voulez !

La fille aînée des Jondrette, qui aime secrètement Marius, comprend alors que le jeune homme s'intéresse à la fille du bienfaiteur.

— C'est d'accord, vous aurez l'adresse de la belle demoiselle, dit-elle tristement.

Une fois dans sa chambre, Marius s'assoit sur une chaise et se met à rêver. Soudain, il entend Jondrette s'écrier :

— Je te dis que je l'ai reconnu, j'en suis sûr !

« De qui parle Jondrette ? De monsieur Leblanc ? » se demande Marius, qui bondit [1] sur une chaise pour observer la scène à travers la fissure.

1. **Bondir** : sauter brusquement.

— Oui, c'est lui ! poursuit-il. Huit ans ont passé, mais je l'ai reconnu tout de suite ! Et sa fille, c'est elle, c'est l'Alouette !

— Quoi ? s'étonne sa femme, cette belle demoiselle qui regardait mes filles avec pitié, c'est l'Alouette ?

Jondrette reste silencieux quelques instants. Il s'approche ensuite de sa femme et lui dit :

— Notre fortune est faite ! Heureusement qu'il ne m'a pas reconnu ! Écoute, tout est déjà arrangé. Des amis viendront nous aider à six heures. À cette heure-là, le voisin est déjà parti dîner, il n'y a personne dans la maison. Il est pris !

Marius, qui a tout entendu, est très inquiet. Il est une heure : il lui reste cinq heures avant le guet-apens[1]. Il doit agir, et vite. « Mais que faire ? » pense-t-il. « Alerter monsieur Leblanc ? Impossible, je n'ai pas son adresse ! » Il réfléchit un instant, puis il se dit : « Il n'y a qu'une chose à faire pour arrêter ces misérables : prévenir la police ! »

Marius se rend au commissariat et raconte l'histoire à un inspecteur qui l'écoute avec un grand intérêt.

— Rentrez chez vous et cachez-vous dans votre chambre ! Vous observerez tout par le trou dans le mur. Quand vous le jugerez nécessaire, vous crierez et nous arriverons.

— Entendu, répond Marius.

Lorsque le jeune homme est sur le point de sortir, l'inspecteur lui dit :

— Si entre-temps vous avez besoin de moi, revenez ici. Je suis l'inspecteur Javert.

Marius rentre chez lui et attend patiemment l'heure fatidique. À six heures précises, il monte sur une chaise et regarde par la

1. **Un guet-apens** : piège.

fissure. Il voit arriver monsieur Leblanc qui salue Jondrette et s'installe près de la table. Soudain, quatre hommes entrent silencieusement dans la pièce.

— Qui sont ces hommes ? demande monsieur Leblanc, visiblement inquiet.

— Ah ! Ce sont des voisins, des amis. Ils ont le visage noir parce qu'ils travaillent dans le charbon. Ne vous en occupez pas, mon bienfaiteur.

Monsieur Leblanc se lève, s'appuie contre le mur et regarde rapidement dans la chambre. Jondrette et sa femme sont à sa gauche, du côté de la fenêtre, tandis que les quatre hommes sont à sa droite, près de la porte. Tout à coup, Jondrette, qui se plaignait jusqu'alors de sa misère, demande :

— Vous ne me reconnaissez pas ?

Monsieur Leblanc le fixe et lui dit :

— Non.

— Je ne m'appelle pas Jondrette, mais Thénardier. Je suis l'aubergiste de Montfermeil !

En entendant le nom de Thénardier, Marius est bouleversé : il sent comme une lame d'épée traverser son cœur. « L'homme qui a sauvé mon père sur le champ de bataille est donc ce monstre ! » pense-t-il.

— Ah ! poursuit Thénardier. Je vous retrouve enfin, monsieur le philanthrope ! Vous ne me reconnaissez donc pas ? Ce n'est pas vous qui êtes venu à Montfermeil il y a huit ans, la nuit de Noël 1823 ? Ce n'est pas vous qui m'avez pris l'enfant de la Fantine, l'Alouette ?

Il s'arrête un instant, fait un pas vers la porte, puis se retourne vers monsieur Leblanc en disant :

— Sachez encore ceci, monsieur le philanthrope. Moi, je ne

suis pas un homme qui vient enlever des enfants dans les maisons ! Je suis un ancien soldat français, je devrais être décoré ! J'étais à Waterloo, moi, et j'ai sauvé un général, mais sa voix était si faible que je n'ai pas entendu son nom. Il m'a oublié d'ailleurs ce général-là, il ne valait pas mieux que les autres. Mais finissons-en... il me faut de l'argent, beaucoup d'argent !

Derrière le mur, Marius est anéanti. Plus de doute possible : ce Thénardier est bien l'homme qui a sauvé son père. Que faire ? Avertir la police pour sauver monsieur Leblanc ou respecter le testament de son père ? Il prend alors un morceau de papier sur lequel il écrit : « La police est là. » et il le jette chez les Thénardier par la fissure.

— Là, quelque chose qui tombe ! crie la Thénardier. Qu'est-ce que c'est ? Par où est-ce arrivé ?

Son mari ramasse le papier et lit : « La police est là. »

— C'est arrivé de la fenêtre. C'est un message des nôtres ! Vite, sauvons-nous !

Entre-temps, Javert, impatient, s'est décidé à monter sans attendre le signal de Marius. Au moment où Thénardier est sur le point de s'enfuir par la fenêtre, l'inspecteur entre dans la pièce avec ses hommes.

— Halte-là ! dit-il. Vous êtes six, nous sommes quinze. Rendez-vous !

Les policiers capturent les malfaiteurs et les attachent. Alors qu'il commence à rédiger son procès-verbal, Javert demande qu'on lui amène l'homme qui était prisonnier.

— Il n'est plus là, dit un policier, il s'est enfui !

Monsieur Leblanc a en effet profité de l'agitation et de l'obscurité pour s'élancer par la fenêtre.

— Diable, dit Javert, ce devait être le meilleur !

Compréhension écrite et orale

DELF **1** Écoutez attentivement l'enregistrement du chapitre, puis cochez la bonne réponse.

1 Un soir, en allant dîner, Marius trouve une enveloppe grise
   a ☐ dans sa veste.
   b ☐ sur un banc.
   c ☐ sur le trottoir.

2 L'enveloppe grise appartient
   a ☐ à l'inconnue du jardin du Luxembourg.
   b ☐ aux Jondrette.
   c ☐ à son grand-père.

3 En regardant par la fissure, Marius découvre que ses voisins vivent dans une pièce
   a ☐ propre et accueillante.
   b ☐ sale et sombre.
   c ☐ grande et lumineuse.

4 Les Jondrette cassent un carreau et éteignent le feu
   a ☐ pour paraître plus pauvres.
   b ☐ parce qu'il fait chaud.
   c ☐ pour s'enfuir.

5 La fille aînée des Jondrette est très triste car elle
   a ☐ est très pauvre.
   b ☐ a froid.
   c ☐ aime secrètement Marius.

6 Marius prévient la police car Jondrette
   a ☐ est un menteur.
   b ☐ tend un guet-apens à monsieur Leblanc.
   c ☐ a cassé un carreau.

7 Marius découvre que Jondrette est
   a ☐ Thénardier.
   b ☐ un ancien général.
   c ☐ son père.

Grammaire

Les pronoms relatifs composés

Les pronoms relatifs composés s'accordent en genre et en nombre avec leur antécédent (le nom qu'ils remplacent). Ces pronoms s'utilisent généralement pour les inanimés. Précédés des prépositions **à** et **de**, les pronoms relatifs composés se contractent.

	Singulier		Pluriel	
	Masculin	Féminin	Masculin	Féminin
Sujet	lequel	laquelle	lesquels	lesquelles
Complément introduit par *de*	duquel	de laquelle	desquels	desquelles
Complément introduit par *à*	auquel	à laquelle	auxquels	auxquelles

Si l'antécédent du pronom relatif est un animé, on utilise **qui** dans les compléments introduits par une préposition et **dont** pour ceux introduits par **de**.
La personne **à qui** *j'ai parlé...*   *La personne* **dont** *je te parle...*

Attention !
Le pronom invariable **qui** est à éviter dans certains types de phrases.
La fille aînée de Jondrette, **qui** *aime secrètement Marius [...]*
En effet, dans ce cas, **qui** peut se référer à la fille aînée ou à Jondrette. Pour éviter toute ambiguïté, il est préférable d'utiliser les formes composées.
La fille aînée de Jondrette, **laquelle** *aime secrètement Marius, [...]*

1 Entourez le pronom relatif composé qui convient.

1   L'endroit dans *laquelle/lequel/lesquels* vivent les Jondrette est la *masure Gorbeau*.

2   La lettre *auquel/à laquelle/de laquelle* se réfère Marius appartient à ses voisins.

3   La table *sur laquelle/lequel/de laquelle* monsieur Leblanc pose le paquet est noire.

4   Le guet-apens grâce *auquel/duquel/auxquels* Jondrette veut piéger monsieur Leblanc est fixé à six heures.

2 Reliez les phrases à l'aide d'un pronom relatif composé.

1   Jean Valjean a volé un pain. Avec ce pain, il a nourri ses neveux.
....

2   Marius a écrit une lettre. Dans cette lettre, il demande de l'aide à sa famille.
....

3   Cosette a plusieurs amies. Avec ses amies, elle s'amuse beaucoup.
....

4   Javert est un policier. Il faut se méfier de ce policier.
....

5   Jondrette prend des pierres. Avec ces pierres, il casse un carreau.
....

6   Marius prend un morceau de papier. Sur ce morceau de papier, il écrit que la police est là.
....

7   Il y a une fenêtre dans l'appartement. Monsieur Leblanc s'enfuit par cette fenêtre.
....

8   Cosette pose un paquet sur la table. Dans ce paquet, il y a des couvertures.
....

Enrichissez votre **vocabulaire**

1 Associez chaque adjectif au nom correspondant.

1   ☐ un visage   a   très pauvres
2   ☐ une enveloppe   b   mal vêtue
3   ☐ deux jeunes filles   c   généreux
4   ☐ une jeune fille   d   fatidique
5   ☐ un cœur   e   grise
6   ☐ l'heure   f   doux et agréable

2 Associez chaque mot à l'image correspondante.

a   une enveloppe   d   une signature   g   des couvertures

b   un trottoir   e   une fissure   h   un escalier

c   des vêtements   f   un plafond   i   un couloir

3 Retrouvez dans la grille les mots de l'exercice précédent.

E	N	V	E	L	O	P	P	E	L	N	B
Z	F	T	F	Y	U	I	O	C	T	T	B
C	D	S	I	G	N	A	T	U	R	E	I
O	G	Y	S	U	R	A	S	E	O	K	J
U	W	U	S	K	S	Q	F	G	T	Y	E
V	Q	D	U	M	Z	Z	H	U	T	T	Q
E	A	S	R	A	C	O	U	L	O	I	R
R	I	C	E	A	P	C	J	L	I	D	S
T	E	X	I	C	B	R	D	M	R	B	R
U	D	V	E	T	E	M	E	N	T	S	R
R	F	H	G	N	P	L	A	F	O	N	D
E	S	C	A	L	I	E	R	W	X	L	M
S	W	I	Z	P	O	V	E	B	S	A	J

Production écrite et orale

DELF **1** Quelle est votre saison préférée ? Expliquez pourquoi.

2 Vous habitez dans un appartement et vos voisins organisent très souvent des fêtes. Vous leur écrivez une lettre pour leur demander cordialement de faire moins de bruit.

3 Vous avez des problèmes d'argent. Vous écrivez à un ami pour lui demander s'il peut vous aider.

CHAPITRE **8**

Rue Plumet

Marius décide de quitter la *masure Gorbeau* pour deux
raisons. La première, c'est qu'il déteste maintenant cette maison
où il a vu de près une laideur sociale plus affreuse que le mauvais
riche : le mauvais pauvre. La seconde, c'est qu'il ne veut pas être
obligé de témoigner contre Thénardier lors du procès de ce
dernier.

Il paie son loyer et part habiter dès le lendemain matin chez
son ami Courfeyrac.

Il pense constamment à la belle inconnue du Luxembourg dont
il est amoureux. Où est-elle maintenant ? Comment s'appelle-t-
elle ? Pourquoi Jondrette la surnomme-t-il l'Alouette ? Perdu dans
ses pensées, il se sent peu concerné par les troubles politiques
qui règnent à Paris à cette époque-là.

De 1831 à 1832, sous la monarchie de Juillet, la France connaît

Les Misérables

en effet une nouvelle période d'agitation politique.

Le roi Louis-Philippe a réussi à affirmer son pouvoir, mais il doit cependant affronter des opposants très déterminés.

De nombreuses sociétés secrètes se forment : elles réclament des réformes politiques et sociales.

À Paris, un certain désordre règne dans les quartiers les plus populaires. Enjolras et les membres des *Amis de l'A B C* se réunissent très souvent au café *Musain* pour parler de ces problèmes et participer activement à cette agitation.

Marius, qui refuse de s'impliquer dans la révolte, se promène souvent. Un matin, alors qu'il marche en songeant à « Elle », il entend une voix qui dit :

— Tiens, vous voilà !

Marius se retourne et aperçoit Éponine, la fille aînée des Thénardier, qui a échappé à la prison en raison de son jeune âge. Elle le regarde et lui dit :

— J'ai l'adresse que vous m'avez demandée...

— Eh bien, dites-moi ! Où est-ce ? demande Marius, très pâle.

— Venez avec moi, répond-elle, je vais vous y conduire. Je ne connais pas le nom de la rue et le numéro, mais je connais la route pour y aller.

Soudain, Marius saisit le bras d'Éponine.

— Promettez-moi que vous ne donnerez pas cette adresse à votre père !

— Mon père ? dit-elle. Il est en prison !

Marius prend la seule pièce de monnaie qu'il a dans sa poche et la donne à Éponine.

La jeune fille ouvre les doigts, laisse tomber la pièce par terre, puis dit tristement :

— Merci, je ne veux pas de votre argent.

Elle conduit Marius là où se sont installés Cosette et Jean Valjean.

Après plusieurs années passées au couvent, ce dernier a en effet estimé que Cosette devait vivre une vie normale, qu'il n'avait pas le droit d'en faire une religieuse privée de liberté.

En faisant ce choix, il savait cependant qu'il pouvait perdre « sa fille », devenue belle et rayonnante. Il a donc saisi l'occasion de la mort du vieux Fauchelevent pour quitter le couvent et s'installer dans une maison discrète de la rue Plumet.

Cependant, pour échapper plus facilement à la police en cas de besoin, il loue également deux autres appartements dans Paris. Pour éviter de se faire remarquer, Jean Valjean sort très rarement.

Cosette, elle, va souvent dans le jardin de la maison. Elle s'installe toujours sur un banc de pierre, situé près de la grille, mais caché du regard des curieux par d'épais buissons. Elle pense très souvent au jeune homme du jardin du Luxembourg qu'elle aime en secret.

Un matin de l'automne 1831, alors qu'elle marche avec son « père » dans les rues presque désertes, elle aperçoit un convoi de sept voitures.

— Père, qu'est-ce qu'il y a dans ces voitures ?

— Des forçats qui vont aux galères.

— Père, est-ce qu'on peut encore les considérer comme des hommes ?

Les Misérables

— Quelquefois, dit-il.

Jean Valjean comprend à cet instant la fragilité de son bonheur : si Cosette apprend la vérité sur son passé, tout peut s'écrouler.

Un soir d'avril, alors que Jean Valjean est sorti, Cosette, assise sur le banc dans le jardin, remarque un petit paquet sous une pierre. Elle le prend, l'ouvre et découvre plusieurs lettres de Marius dans lesquelles le jeune homme lui avoue ses sentiments.

Cosette est heureuse. Elle rentre dans la maison, va dans sa chambre et s'endort en pensant aux lettres du jeune homme.

Le lendemain soir, elle s'installe de nouveau sur le banc et pose délicatement sa main sur la pierre qui cachait l'enveloppe. Soudain, elle entend un léger bruit. Elle tourne la tête et aperçoit Marius.

— Pardonnez-moi, dit-il, mais je ne pouvais plus vivre sans vous. Avez-vous lu mes lettres ?

— Oh, oui ! répond-elle.

Cosette pose la main de Marius sur son cœur.

— Vous m'aimez donc ? demande-t-il à voix basse.

— Bien sûr ! répond Cosette.

Marius la prend alors dans ses bras et l'embrasse tendrement. Les deux amoureux parlent ensuite longuement et se racontent tout ce qu'ils désiraient connaître l'un de l'autre.

Depuis ce jour-là, ils se revoient très souvent dans le jardin de la maison de la rue Plumet. Ils sont très heureux et passent ensemble de merveilleux moments.

Un soir, cependant, Cosette dit d'un air triste :

— Ce matin, mon père m'a dit de préparer mes bagages car

nous allons bientôt partir. Il a parlé de l'Angleterre.

Marius est désespéré, mais soudain, Cosette s'exclame :

— J'ai une idée ! Si nous partons, pars toi aussi !

Viens me rejoindre où je serai !

— Mais Cosette, c'est impossible ! Pour partir, il faut de l'argent, et je n'en ai pas ! Regarde-moi, je suis un misérable !

La jeune fille se met à pleurer. Marius réfléchit quelques instants, puis il lui dit :

— Écoute, ne m'attends pas demain. Je ne reviendrai qu'après-demain.

— Un jour sans te voir... mais, c'est impossible !

— Sacrifions un jour pour avoir, je l'espère, toute la vie devant nous.

Le lendemain, Marius se rend auprès de son grand-père, monsieur Gillenormand, pour lui demander l'autorisation d'épouser Cosette [1].

Quand monsieur Gillenormand voit son petit-fils dans le salon de son appartement, il a envie de se précipiter vers lui pour le serrer dans ses bras.

Cependant, il cache son émotion et lui dit d'un ton dur :

— Que viens-tu faire ici ? Viens-tu me demandez pardon ? As-tu reconnu tes torts ?

— Non, monsieur, répond Marius. Je viens vous demander la permission de me marier.

— Te marier ? À vingt et un ans ? Tu as une fortune faite ? Combien gagnes-tu dans ton métier d'avocat ?

— Rien.

---

1. À l'époque, la majorité était à vingt-cinq ans.

— Ah ! Je comprends ! La fille est riche ?

— Non, mais permettez-moi de l'épouser.

— Jamais ! Fais-en plutôt ta maîtresse.

Vexé et humilié, Marius se dirige vers la porte et ajoute, avant de sortir :

— Il y a cinq ans, vous avez outragé mon père. Aujourd'hui, vous outragez ma femme. Je ne vous demande plus rien, monsieur. Adieu.

Monsieur Gillenormand voudrait se lever et l'appeler, mais il est comme pétrifié de douleur. Il sait qu'il ne reverra plus jamais son petit-fils.

Le lendemain soir, comme d'habitude, Marius rejoint Cosette, rue Plumet. Malheureusement, quand il arrive, il trouve la maison vide et les volets fermés : Cosette et Jean Valjean sont partis sans laisser d'adresse.

Marius est désespéré. Tout à coup, il entend une voix qui ne lui est pas inconnue... On dirait celle d'Éponine.

— Monsieur Marius, vos amis vous attendent à la barricade de la rue de la Chanvrerie.

Marius se retourne et voit une personne s'enfuir en courant.

Compréhension écrite et orale

1 Écoutez attentivement l'enregistrement du chapitre, puis répondez aux questions.

1 Pourquoi Marius quitte-t-il la *masure Gorbeau* ?

2 Que se passe-t-il en France de 1831 à 1832 ?

3 Que réclament les sociétés secrètes qui se forment ?

4 Où Éponine conduit-elle Marius ?

5 Pourquoi Jean Valjean et Cosette ont-ils quitté le couvent des Bernardines ?

6 Où s'installe Cosette lorsqu'elle sort de la maison ?

7 Que trouve Cosette un soir sous le banc en pierre ? Qu'est-ce qu'il y a à l'intérieur ?

8 Où Cosette et Jean Valjean partent-ils ?

9 Que demande Marius à son grand-père ? Pourquoi ?

10 À la fin du chapitre, où se trouvent les amis de Marius ?

piste 13

2 Écoutez attentivement l'enregistrement, puis complétez le tableau.

Thème	Auteur
éveil de la classe ouvrière	Dominique Grange
chant de lutte	Eugène Pottier
mai 1968	Aristide Bruant
chant antimilitariste	Montéhus
Révolution française	Marie-Joseph Chénier
chant antifasciste	Claude Lemesle

Date		
1969	1905	1794
1910	1871	1995

		Thème	Auteur	Date
1	*L'Internationale*			
2	*Le Chant du départ*			
3	*Les nouveaux partisans*			
4	*Les Canuts*			
5	*La bête immonde*			
6	*La grève des mères*			

Grammaire

En et *y*

Les pronoms **en** et **y** sont invariables.

Le pronom *en*

Le pronom **en** remplace :

• un nom complément d'objet direct.

*Pour partir, il faut <u>de l'argent</u>, et je n'**en** ai pas !*

Attention ! On ajoute **un/une** lorsque l'objet est dénombrable.

*Tu achètes <u>un livre</u> ? Oui, j'**en** achète **un**.*

• le complément de nom du complément d'objet direct.

*Il boit un verre <u>d'eau</u>. Il **en** boit un verre.*

• un nom complément d'objet indirect/de lieu introduit par **de**.

*Il parle souvent <u>de son enfance</u>. Il **en** parle souvent.*

*Tu viens <u>de la rue Plumet</u> ? Oui, j'**en** viens.*

Le pronom *y*

Le pronom **y** remplace :

• un complément de lieu (situation, direction).

*Venez avec moi, répond-elle, je vais vous **y** conduire.*

• un nom complément d'objet indirect introduit par **à**.

*Elle habite <u>à Paris</u>. Elle **y** habite depuis longtemps ?*

La place des pronoms *en* et *y*

Comme tous les pronoms personnels, **en** et **y** sont toujours placés devant le verbe, sauf à l'impératif affirmatif.

*Manges-**en** ! Vas-**y** !*

Quand **en** et **y** sont employés avec un autre pronom personnel, ils suivent toujours ce pronom.

*Je veux <u>lui</u> **en** parler.*

1 Complétez les phrases avec *en* ou *y*.

1 « Je connais bien Paris. J'................ habite » dit Cosette.

2 Marius a quitté la *masure Gorbeau*. Il n'................ habite plus.

3 Courfeyrac connaît la société secrète des *Amis de l'A B C*. Il .... fait partie.

4 « Je connais la route pour .... aller » dit Éponine.

5 Cosette reçoit des lettres de Marius. Elle .... trouve une tous les soirs sous une pierre, dans le jardin.

6 Jean Valjean pense souvent à son passé : il .... rêve toutes les nuits.

7 « Il faut de l'argent pour se marier et je n'................ ai pas » dit Marius.

8 Marius doit se rendre chez son grand-père : il .... va pour demander l'autorisation d'épouser Cosette.

2 Répondez aux questions en remplaçant les mots soulignés par *en* ou *y*.

1 Vous êtes allés <u>à Montreuil-sur-Mer</u> ?
Oui, ...

2 Tu bois beaucoup <u>d'eau</u> lorsque tu fais du sport ?
Non, ...

3 Elle va souvent <u>au théâtre</u> avec toi ?
Non, ...

4 Il se rend <u>à l'église</u> le dimanche ?
Oui, ...

5 Ils ont parlé <u>de leurs problèmes</u> à leurs amis ?
Oui, ...

6 Vous mangez souvent <u>de la viande</u> ?
Non, ...

Enrichissez votre **vocabulaire**

1 Les mots suivants sont utilisés dans le chapitre 8. Complétez-les.

1 Une G _ _ L _ _

2 Un _ U _ _ _ O _

3 Un _ _ _ _ O _

4 Un V _ _ _ _

Production écrite et orale

DELF **1** Dans votre ville, il y a certaiment un jardin public que vous aimez particulièrement. Décrivez-le en quelques lignes.

2 Vous rencontrez un(e) jeune fille/homme dans un parc et vous tombez amoureux(-se) d'elle/de lui. Vous décidez de lui écrire une lettre pour lui avouer vos sentiments.

La révolution de Juillet

À la fin des années 1820, le roi Charles X, frère cadet de Louis XVI (guillotiné en 1793), augmente son pouvoir. Il essaie d'empêcher toute évolution démocratique, toute mobilisation populaire et toute aspiration nationale. Après une longue période d'agitation parlementaire, il tente un coup de force constitutionnel à la fin du mois de juillet 1830. Le 26 juillet, *Le Moniteur*, journal officiel du gouvernement français, publie en effet quatre ordonnances [1] : la

1. **Une ordonnance** : texte législatif provenant du roi.

première impose une autorisation pour la publication de tout texte, la deuxième dissout la Chambre des députés, la troisième réduit considérablement le corps électoral (déjà très limité) et la dernière convoque les électeurs pour le mois de septembre. Ces mesures scandalisent le peuple et les libéraux. Le 27 juillet, quatre journaux paraissent sans autorisation, désobéissant ainsi aux ordonnances royales. Le préfet de police ordonne alors la saisie des presses et le parquet lance plusieurs mandats d'arrêt. Indignés, le peuple parisien se révolte. De nombreuses barricades sont dressées dans les quartiers populaires, les insurgés s'arment en pillant des armureries. Très rapidement, de violents combats éclatent dans la capitale entre les

rebelles et les forces de l'ordre. Le 28 juillet, Alexandre Dumas, célèbre écrivain français, participe avec une centaine de révolutionnaires à la première attaque à l'Hôtel de Ville. Dans ses *Mémoires*, il consacrera de nombreuses pages à ce sanglant épisode. « Sur tous les ponts de Paris, l'on se battait » écrit-il.

Affrontements à l'Hôtel de Ville.

« Les boulevards étaient en feu depuis la Madeleine jusqu'à la Bastille, la moitié de leurs arbres avaient été abattus et avaient servi à élever plus de quarante barricades [...]. La plupart des insurgés étaient des gens du peuple, les autres des commis de magasin, des étudiants et des gamins. En général, c'étaient les gamins qui marchaient en tête, toujours prêts à tout ».

Après trois jours d'affrontements, les révolutionnaires l'emportent. Contraint à l'exil, Charles X s'enfuit en Écosse. Les insurgés, mal organisés, sont finalement maîtrisés par les députés libéraux qui instaurent une monarchie constitutionnelle et appellent sur le trône le duc Louis-Philippe d'Orléans, futur Louis-Philippe Ier. Celui-ci se proclame cependant *roi des Français*, et non *roi de France*. Ces trois jours de révolte, appelés les *Trois Glorieuses*, mettent donc fin à la Seconde Restauration et marquent le début de la monarchie de Juillet, qui durera jusqu'en 1848.

De ces trois jours de révolution, Paris conserve deux œuvres artistiques particulièrement

La colonne de Juillet sur la place de la Bastille.

importantes : la première est *La liberté guidant le peuple*, un chef-d'œuvre de Delacroix conservé au musée d'Orsay, et la seconde est la célèbre colonne érigée sur la place de la Bastille. Surmontée d'un génie ailé, celle-ci porte le nom de toutes les victimes de l'insurrection (les *Trois Glorieuses* ont fait plus de mille morts).

Compréhension écrite

1 Lisez attentivement le dossier, puis répondez aux questions.

1 Quel roi a été guillotiné en 1793 ?

2 Que fait le roi Charles X à la fin des années 1820 ?

3 Qu'est-ce que *Le Moniteur* ?

4 Combien d'ordonnances sont publiées le 26 juillet 1830 ? De quoi traitent-elles ?

5 Pourquoi le peuple parisien se révolte-t-il ?

6 Que font les insurgés pour se révolter ?

7 Quel célèbre écrivain français participe à la première attaque sur l'Hôtel de Ville ?

8 Combien de jours durent les affrontements ?

9 Que fait Charles X après sa défaite ?

10 À quoi mettent fin les *Trois Glorieuses* ?

11 Quel peintre a réalisé *La liberté guidant le peuple* ?

12 Où se situe la colonne qui rappelle les *Trois Glorieuses* ?

CHAPITRE 9

Aux armes !

Marius est fou de douleur. Jamais il ne reverra son amour... Il ne pense qu'à une chose : mourir ! En se dirigeant vers la rue de la Chanvrerie pour rejoindre ses amis, il entend des coups de fusil et des cris.

Nous sommes le 5 juin 1832 et le Paris républicain se révolte contre la monarchie de Juillet : c'est l'insurrection. La ville connaît l'une des plus terribles émeutes populaires du XIXe siècle. Les révolutionnaires pillent des armureries, déracinent des arbres, entassent des pavés[1] et des meubles. En moins d'une heure, vingt-sept barricades sont construites dans le seul quartier des Halles.

Un enfant vêtu pauvrement descend la rue Ménilmontant et vole un pistolet dans une brocante.

---

1. **Un pavé** : bloc de pierre utilisé pour construire les rues.

— En route pour la bataille ! hurle-t-il.

Cet enfant, c'est Gavroche, le fils des Thénardier. Il marche fièrement et finit par rejoindre la rue de la Chanvrerie, où un groupe de révolutionnaires conduit par Enjolras, Courfeyrac et Combeferre est en train de dresser une barricade tout près du cabaret *Corinthe*. Tout le monde travaille activement à la construction de la barricade. Gavroche semble partout : il va, vient, monte, descend, remonte, saute. Il a l'air d'être là pour encourager et réconforter tous les insurgés.

La nuit est maintenant tombée. Enjolras s'approche de Gavroche et lui dit :

— Tu es petit, on ne te verra pas. Sors des barricades, longe les murs, va dans toutes les rues, et reviens me dire ce qui se passe.

— D'accord ! Pendant ce temps, occupez-vous de cet homme là-bas. C'est un espion !

Enjolras, accompagné de quatre ouvriers, s'approche de l'homme.

— Qui êtes-vous ? demande-t-il.

L'homme fixe Enjolras dans les yeux et lui répond d'un ton grave :

— Je suis agent de l'autorité.

— Comment vous appelez-vous ?

— Javert.

Enjolras fait signe aux ouvriers de fouiller Javert et de l'attacher à l'un des piliers du cabaret.

Une demi-heure plus tard, Marius arrive à proximité de la barricade de ses amis. Il s'assoit sur une marche et pense à son père. Son jour est enfin arrivé…

Lui aussi sera courageux, lui aussi versera son sang pour une noble cause !

Soudain, Gavroche, complètement essoufflé, bondit sur la barricade et crie :

— Les voilà !

Chacun prend son fusil et se met à son poste de combat. Derrière la barricade, tout le monde est attentif, muet, prêt à faire feu. Quelques instants plus tard, on entend dans la rue le bruit de pas des gardes nationaux. Enjolras crie alors d'un ton assuré et fier :

— Révolution française !

— Feu ! répond alors le chef des gardes nationaux.

Les coups de feu des soldats et des gardes nationaux blessent plusieurs révolutionnaires et font tomber le drapeau rouge, placé au sommet de la barricade. Pendant que les soldats rechargent leurs fusils, Enjolras crie :

— Qui a du cœur, ici ? Qui a le courage de replanter le drapeau sur la barricade ?

Personne ne répond. Monter sur la barricade signifie se faire tuer. Soudain, un vieil homme s'approche, prend le drapeau des mains d'Enjolras, escalade la barricade et agite le drapeau en criant :

— Vive la révolution ! Vive la République !

Ce vieil homme, c'est monsieur Mabeuf, l'homme qui a révélé à Marius combien son père l'aimait.

Au même instant, une seconde décharge s'abat sur la barricade. Le vieil homme laisse alors s'échapper le drapeau et tombe mort sur le pavé. Enjolras s'approche de lui, embrasse son front, lui enlève son habit et dit à tous les insurgés :

— Voilà maintenant notre drapeau !

Les soldats marchent vers la barricade et l'attaquent, tuant de nombreux révolutionnaires. Soudain, une balle atteint en plein front l'un des gardes nationaux qui s'apprêtait à tuer Gavroche, puis une autre frappe en pleine poitrine un garde qui attaquait Courfeyrac. C'est Marius qui vient d'arriver à la barricade. Un soldat lui tire dessus, mais un jeune homme met sa main sur le canon du fusil déviant ainsi la balle.

Marius n'a plus d'armes, ses pistolets sont déchargés. Il aperçoit un baril de poudre près de la porte du cabaret, il se précipite à l'intérieur du *Corinthe* et s'empare du baril. Quelques secondes plus tard, il est de nouveau sur la barricade, une torche à la main.

— Allez-vous-en, s'écrie-t-il, ou je fais sauter la barricade !

— Si tu fais sauter la barricade, dit un sergent, tu sautes aussi !

— Alors, je sauterai moi aussi ! crie Marius.

Effrayés par la détermination du jeune homme, les gardes et les soldats abandonnent la barricade. Les révolutionnaires respirent, mais leur joie est de courte durée. L'un de leurs amis, Jean Prouvaire, a été fait prisonnier par l'ennemi. Combeferre dit alors à Enjolras :

— Ils ont notre ami, mais nous avons leur agent. Je vais attacher mon mouchoir à mon fusil, et aller parlementer avec eux pour échanger notre homme contre le leur.

Quelques secondes plus tard, on entend la voix de Prouvaire crier : « Vive la France ! Vive l'avenir ! », puis un coup de feu.

— Ils l'ont tué ! s'écrie Combeferre.

Enjolras regarde Javert et lui dit :

— Tes amis viennent de te fusiller.

Les Misérables

Alors que Marius s'éloigne de la barricade, il entend une voix qui prononce faiblement son nom.

— Monsieur Marius... c'est moi, Éponine.

— Que faites-vous là ? Mais... qu'avez-vous à la main ?

— La main qui a bouché le fusil qui vous visait... c'était la mienne. La balle a traversé ma main, puis ma poitrine. Je vais mourir...

Elle s'arrête un instant, puis reprend :

— Écoutez... Depuis hier, j'ai dans ma poche une lettre pour vous. On m'avait demandé de la poster, mais je ne voulais pas qu'elle vous arrive. Prenez-la.

Éponine le regarde et ajoute :

— Monsieur Marius, je crois que j'ai fait ça parce que j'étais un peu amoureuse de vous...

Elle essaie de sourire, mais ses yeux se ferment...

Le jeune homme commence à lire la lettre.

4 juin

Mon bien-aimé,
Hélas ! Mon père veut que nous partions tout de suite. Nous serons ce soir rue de l'Homme-Armé, n° 7.
Dans huit jours, nous serons à Londres.

Cosette

Marius couvre la lettre de baisers car il comprend que Cosette l'aime et qu'elle ne l'a pas abandonné.

Malheureusement, il sait que leur amour est impossible...

Les Misérables

Il reste donc décidé à mourir. Il prend un morceau de papier dans son portefeuille et écrit ces quelques lignes :

5 juin

Notre mariage est impossible. J'ai demandé à mon grand-père, il a refusé. Je suis sans fortune. J'ai couru chez toi, je ne t'ai plus trouvée. Je tiens la parole que je t'avais donnée. Je meurs. Je t'aime. Quand tu liras ceci, mon âme sera près de toi et te sourira.

Marius

Il prend ensuite un autre morceau de papier sur lequel il écrit :

5 juin

Je m'appelle Marius Pontmercy. Portez mon cadavre chez mon grand-père, monsieur Gillenormand, rue des Filles-du-Calvaire, n° 6.

Quand il a fini d'écrire, il appelle Gavroche :

— Veux-tu faire quelque chose pour moi ?

— Tout, répond Gavroche. Vous m'avez sauvé la vie !

— Prends cette lettre et porte-la à mademoiselle Cosette, chez monsieur Fauchelevent, rue de l'Homme-Armé, numéro 7.

Gavroche prend la lettre et s'éloigne de la barricade en courant.

Pendant ce temps, dans l'appartement de la rue de l'Homme-Armé, Jean Valjean est bouleversé : il vient de découvrir par hasard que Cosette a un amant.

Il comprend qu'il peut perdre cette enfant qu'il aime plus que tout et qui représente son unique raison de vivre.

Troublé, il descend dans la rue et s'assoit sur une marche. Quelques instants plus tard, un gamin [1] s'approche de lui. C'est Gavroche.

— Monsieur, pourriez-vous m'indiquez le numéro 7 ?

— Pourquoi ? demande Jean Valjean.

— Parce que je dois donner une lettre à une femme.

— La lettre est pour mademoiselle Cosette, n'est-ce pas ? Eh bien, c'est moi qui dois la lui remettre.

Gavroche, pressé de revenir à la barricade, lui donne la lettre et repart en chantant.

Jean Valjean ouvre la lettre et commence à lire. Quand il arrive à « Je meurs. Je t'aime. Quand tu liras ceci, mon âme sera près de toi et te sourira. », il a une idée horrible. « Je n'ai qu'à garder cette lettre » se dit-il « Cosette ne saura jamais ce que cet homme est devenu. » Mais en pensant cela, son visage s'assombrit. Il prend alors son fusil, des cartouches et se dirige vers le quartier des Halles.

---

1. **Un gamin (fam.)** : un jeune garçon.

Compréhension écrite et orale

DELF **1** Lisez attentivement le chapitre, dites si les affirmations suivantes sont vraies (V) ou fausses (F), puis corrigez celles qui sont fausses.

		V	F
1	Le Paris républicain se révolte le 25 juin 1832.	☐	☐
2	Les révolutionnaires pillent des armureries et construisent des barricades.	☐	☐
3	Enjolras et Courfeyrac dressent une barricade près du café *Musain*.	☐	☐
4	Enjolras demande à Gavroche de rentrer chez lui parce que la situation est dangereuse.	☐	☐
5	Il y a un espion parmi les révolutionnaires : c'est Gavroche.	☐	☐
6	Javert est attaché à un pilier de l'Hôtel de Ville.	☐	☐
7	Monsieur Mabeuf monte sur la barricade pour replanter le drapeau.	☐	☐
8	Marius arrive à la barricade et sauve Mabeuf et Enjolras.	☐	☐
9	Éponine se fait tuer en voulant sauver Marius.	☐	☐
10	Marius reçoit une lettre de Cosette des mains de Gavroche.	☐	☐

piste 15

2 Écoutez attentivement l'enregistrement, puis cochez la bonne réponse.

1 Titre du tableau

a ☐ *La Justice guidant le poulpe.*

b ☐ *La Liberté guidant le peuple.*

c ☐ *La Liberté guidant la Révolution.*

2 Nom du peintre

a ☐ Eugène Delacroix.

b ☐ Marcel Delacroix.

c ☐ Eugénie Ducroix.

3 Date de l'œuvre

a ☐ 1930.

b ☐ 1730.

c ☐ 1830.

4 Dimensions

a ☐ 325 x 260 centimètres.

b ☐ 225 x 250 centimètres.

c ☐ 125 x 260 centimètres.

5 Technique

a ☐ pastel sur toile.

b ☐ gouache sur papier.

c ☐ huile sur toile.

6 Lieu de conservation

a ☐ musée d'Orsay.

b ☐ musée du Louvre.

c ☐ musée Delacroix.

Grammaire

Le conditionnel présent

On emploie le conditionnel pour demander poliment quelque chose, pour donner un conseil, pour exprimer un désir ou des regrets.

Pour former le conditionnel présent des verbes réguliers en **-er** et **-ir**, on ajoute les terminaisons **-ais, -ais, -ait, -ions, -iez, -aient** (terminaisons de l'imparfait) à l'infinitif du verbe.

Penser : *je penserais, tu penserais, il penserait, nous penserions, vous penseriez, ils penseraient*

Finir : *je finirais, tu finirais, il finirait, nous finirions, vous finiriez, ils finiraient*

Pour les verbes en **-re**, il faut enlever le **-e** final.

Mettre : *je mettrais,...*   **Prendre** : *je prendrais,...*

Pour les autres verbes, les terminaisons ne changent pas, mais les radicaux présentent des formes particulières.

Être : *je serais*　　　　　　**Falloir** : *il faudrait*
Avoir : *j'aurais*　　　　　　**Pouvoir** : *je pourrais*
Aller : *j'irais*　　　　　　**Savoir** : *je saurais*
Devoir : *je devrais*　　　　　**Venir** : *je viendrais*
Envoyer : *j'enverrais*　　　　**Voir** : *je verrais*
Faire : *je ferais*　　　　　　**Vouloir** : *je voudrais*

1 Conjuguez les verbes entre parenthèses au conditionnel présent.

1   Cet homme (*vouloir*) .... protéger sa famille.
2   Si tu pouvais, tu (*aller*) .... visiter Paris ?
3   Pour pouvoir se marier, il leur (*falloir*) .... de l'argent.
4   Si j'avais du temps, je (*venir*) .... te voir plus souvent.
5   Nous (*devoir*) .... nous habiller plus chaudement cet hiver.
6   Vous (*envoyer*) .... une lettre à monsieur Gillenormand ?
7   Ils (*savoir*) .... vous récompenser.
8   Si tu allais à la fête, tu (*voir*) .... Cosette.

2 Associez chaque fin de phrase à son début, puis conjuguez les verbes entre parenthèses au conditionnel présent.

1 ☐ Si Marius était avec Cosette,

2 ☐ Si Gavroche était plus grand,

3 ☐ Si Marius n'était pas triste,

4 ☐ Si quelqu'un avait du courage,

5 ☐ Si Marius faisait sauter la barricade,

6 ☐ Si Éponine ne lui avait pas donné la lettre,

a il (*replanter*) .... le drapeau sur la barricade.

b il (*ne pas pouvoir*) .... longer les murs aussi facilement.

c Marius (*ne pas savoir*) .... que Cosette part pour Londres.

d il (*ne pas penser*) .... à mourir.

e il (*sauter*) .... lui aussi.

f il (*ne pas être*) .... fou de douleur.

Enrichissez votre **vocabulaire**

1 Associez chaque mot souligné à son synonyme.

a prend

b passer près, raser

c révolutions

d superposent, empilent

e s'attriste

f volent, dévalisent

g construire

h révolutionnaires

1 ☐ La ville connaît l'une des plus terribles <u>émeutes</u> populaires.

2 ☐ Les révolutionnaires <u>pillent</u> les armureries.

3 ☐ Les révolutionnaires <u>entassent</u> des pavés et des meubles.

4 ☐ Enjolras et Courfeyrac sont en train de <u>dresser</u> une barricade.

5 ☐ Gavroche doit <u>longer</u> les murs pour ne pas se faire voir.

6 ☐ Enjolras se lève pour parler à tous les <u>insurgés</u>.

7 ☐ Marius va dans le cabaret et <u>s'empare</u> du baril de poudre.

8 ☐ En pensant cela, le visage de Jean Valjean <u>s'assombrit</u>.

2 Associez chaque mot à l'image correspondante.

a   des barils

b   une torche

c   un drapeau

d   des mouchoirs

Production écrite et orale

DELF **1** Existe-t-il une cause qui vous révolte et pour laquelle vous seriez prêt(e) à lutter ? Dites laquelle et expliquez pourquoi.

DELF **2** À quelle occasion vous êtes-vous senti(e) courageux(-se) ?

CHAPITRE **10**

Dans les égouts

La nuit est relativement calme. Les insurgés sont pleins
d'espoir : ils attendent impatiemment le prochain assaut qui aura
lieu vraisemblablement au lever du jour. Pendant ce temps, ils
consolident la barricade à l'aide de pavés et de planches de bois.
Enjolras part en reconnaissance. À son retour, il dit à ses
compagnons :

— Toute l'armée de Paris se prépare. Nous serons attaqués
dans une heure. Quant au peuple, il a bouillonné hier, mais ce
matin, il ne bouge pas. Rien à attendre, rien à espérer : nous
sommes seuls.

Parmi les insurgés, un grand silence règne. Soudain, tout le
monde crie :

— Restons tous ici ! Vive la mort !

Les Misérables

À ce moment-là, Jean Valjean arrive à la barricade et s'approche des insurgés.

— Qui est cet homme ? demande Combeferre.

Marius reconnaît monsieur Leblanc et répond :

— Je le connais.

Cette réponse suffit à tout le monde.

— Citoyen, dit Enjolras à Jean Valjean, soyez le bienvenu. Vous savez que nous allons mourir, j'espère ?

— Oui, répond simplement Jean Valjean.

Le jour commence à se lever. Tout le monde est à son poste de combat. Soudain, on entend un bruit de pas et le cliquetis des armes.

— Feu ! crie Enjolras.

Toute la barricade fait feu : la détonation est effroyable. Les forces de l'ordre, armées d'un canon, tirent, mais le boulet finit sa course dans les décombres [1] de la barricade.

— Pendant qu'ils rechargent, dit Enjolras, il faut récupérer un matelas pour amortir les coups. Il y en a un de l'autre côté de la barricade. Qui peut aller le chercher ?

Jean Valjean se lève sans dire un mot, traverse la rue sous une pluie de balles, prend le matelas, le met sur son dos, puis revient derrière la barricade.

— Citoyen, dit Enjolras, la République vous remercie !

Les insurgés défendent la barricade de leur mieux. Malheureusement, ils manquent de munitions.

Gavroche profite d'un moment de répit pour récupérer un panier à bouteille dans le cabaret.

---

1. **Les décombres** : restes d'un objet qui a été détruit.

Il va ensuite de l'autre côté de la barricade et ramasse les cartouches sur les gardes nationaux tués. Il rampe, saute et avance sous les balles. De la barricade, personne n'ose lui crier de revenir, de peur d'attirer l'attention des gardes sur lui. Tout à coup, une balle renverse son panier. Gavroche se lève et, regardant fièrement les gardes nationaux qui sont en train de tirer, il se met à chanter :

On est laid à Nanterre,
C'est la faute à Voltaire,
Et bête à Palaiseau,
C'est la faute à Rousseau.

Les gardes tirent alors plusieurs coups... Gavroche tombe par terre... Il se redresse difficilement et s'assoit : son visage est couvert de sang. Il lève les deux bras en l'air, regarde du côté d'où est venu le coup, puis se remet à chanter :

Je suis tombé par terre,
C'est la faute à Voltaire,
Le nez dans le ruisseau,
C'est la faute à...

Mais Gavroche n'a pas le temps de terminer sa chanson. Une autre balle vient de le toucher. L'enfant tombe, le visage contre le pavé. Cette petite grande âme vient de s'envoler.

Marius s'élance pour récupérer le corps du jeune Gavroche. Le combat redouble de violence : la barricade va bientôt céder. Enjolras ordonne alors d'exécuter Javert, mais Jean Valjean s'approche de lui et dit :

— Vous m'avez remercié tout à l'heure. Pensez-vous que je mérite une récompense ?

Les Misérables

— Bien sûr ! Au nom de la République, la barricade à deux sauveurs : Marius Pontmercy et vous !

— Eh bien, je demande à tuer moi-même cet homme.

Javert lève la tête, reconnaît Jean Valjean et dit à voix basse :

— C'est juste ainsi.

Enjolras accepte et Jean Valjean emmène Javert à l'écart de la barricade, dans une petite ruelle. Il met ensuite le pistolet sous son bras et tire un couteau de sa poche.

— Un couteau ! s'écrie Javert. Cela te convient mieux.

Jean Valjean coupe alors la corde qui lie les poignets de Javert et lui dit :

— Vous êtes libre. Je ne crois pas que je sortirai vivant d'ici. Mais si j'en sors, je demeure sous le nom d'Ultime Fauchelevent, rue de l'Homme-Armé, numéro 7.

— Prends garde, dit Javert.

L'inspecteur s'éloigne de quelques pas, puis se retourne et dit :

— Vous m'ennuyez. Tuez-moi plutôt !

Javert ne s'aperçoit pas qu'il ne tutoie plus Jean Valjean.

— Allez-vous-en, lui dit l'ancien forçat.

Une fois Javert parti, Jean Valjean tire un coup de pistolet en l'air et revient à la barricade.

— C'est fait, dit-il à Enjolras.

Quelques instants plus tard, la barricade est prise d'assaut. On se bat alors au corps à corps : à coup de pistolet, à coup de sabre, à coup de poing, de loin, de près, d'en haut, d'en bas, de partout.

Les insurgés tombent les uns après les autres : Bossuet, Courfeyrac, puis Combeferre. Enjolras ordonne alors à ses compagnons de se mettre à l'abri dans le cabaret, mais les gardes nationaux entrent et les fusillent tous.

Marius, lui, est resté dehors. Il a le visage en sang, mais il résiste et combat avec violence. Soudain, une balle le touche et lui casse la clavicule. Il ferme les yeux et sent qu'il va s'évanouir, lorsqu'une main vigoureuse le saisit. Avant de perdre connaissance, il pense une dernière fois à Cosette et se dit : « Je suis fait prisonnier. Je serai fusillé. »

En réalité, la puissante main qui le saisit est celle de Jean Valjean. L'ancien forçat met Marius sur son dos et s'enfuit. Il fait quelques pas et aperçoit sur le sol une grille de fer. Il la soulève et se laisse glisser à l'intérieur : le voilà dans les égouts [1] de Paris.

Il marche dans de longs couloirs souterrains et comprend rapidement qu'il doit suivre la pente pour sortir de ce labyrinthe : suivre la pente, c'est en effet aller à la rivière. Il a toujours Marius sur ses épaules, mais il ne le sent pas respirer. Est-il mort ?

L'ancien forçat s'arrête et pose sa main sur le cœur du jeune homme : il bat, Marius est bien vivant ! Jean Valjean fouille ses vêtements et trouve le bout de papier sur lequel Marius avait écrit de porter son cadavre chez son grand-père. Il remet alors le jeune homme sur son dos et poursuit son chemin dans les souterrains humides et sombres. Il n'y a pas de temps à perdre : les soldats et les gardes nationaux sont eux aussi dans les égouts.

Après une longue et épuisante marche, il aperçoit la lumière du jour à l'extrémité d'un couloir.

1. **Les égouts** : canalisations d'une ville pour évacuer les eaux sales.

Les Misérables

Malheureusement, une grille fermée à clé bloque la sortie : Jean Valjean est pris au piège.

Tout à coup, il entend une voix qui lui dit :

— On partage ?

Jean Valjean se retourne.

Devant lui, il voit un homme qu'il reconnaît tout de suite : c'est Thénardier, qui s'est, entre-temps, échappé de prison. Thénardier, lui, ne reconnaît pas l'ancien forçat tellement le visage de celui-ci est sale et couvert de sang.

— Que veux-tu dire ? demande Jean Valjean.

— Tu as tué cet homme, c'est bien. Moi, j'ai la clé. Tu n'as pas tué cet homme sans regarder ce qu'il y avait dans ses poches ? Donne-moi la moitié, et je t'ouvre la porte.

Jean Valjean fouille ses poches et en sort trente francs. Thénardier regarde les pièces de monnaie et lui dit :

— Eh bien, tu l'as tué pour pas cher.

Thénardier ramasse l'argent et ouvre la grille.

— Maintenant, l'ami, tu dois sortir. Ici, c'est comme à la foire : on paie en sortant.

En disant cela, Thénardier se met à rire. Jean Valjean sort. Le voilà enfin à l'air libre !

Compréhension écrite et orale

DELF **1** Écoutez attentivement l'enregistrement du chapitre, puis cochez la bonne réponse.

1 Les révolutionnaires consolident les barricades avec

   a ☐ des pavés et des tonneaux.

   b ☐ des tonneaux et des planches de bois.

   c ☐ des pavés et des planches de bois.

2 Les forces de l'ordre sont désormais armées

   a ☐ d'un char.

   b ☐ d'un canon.

   c ☐ d'une mitraillette.

3 Les révolutionnaires cherchent un matelas pour

   a ☐ amortir les coups de canon.

   b ☐ se reposer un peu.

   c ☐ transporter les blessés.

4 Gavroche franchit la barricade pour récupérer

   a ☐ un matelas.

   b ☐ des blessés.

   c ☐ des munitions.

5 Dans sa chanson, Gavroche chante : « On est laid à Nanterre, c'est la faute à

   a ☐ mon père. »

   b ☐ Voltaire. »

   c ☐ Robespierre. »

6 Jean Valjean propose d'exécuter

   a ☐ Javert.

   b ☐ Gavroche.

   c ☐ Combeferre.

7 Jean Valjean s'enfuit avec Marius sur le dos dans

   a ☐ un labyrinthe.

   b ☐ les ruelles.

   c ☐ les égouts.

2 Lisez attentivement le chapitre, puis répondez aux questions.

1 Quand les forces de l'ordre attaquent-elles les insurgés ?

2 Pourquoi Jean Valjean emmène-t-il Javert à l'écart de la barricade ?

3 Que pense Marius avant de perdre connaissance ?

4 Que doit suivre Jean Valjean pour sortir des égouts ? Pourquoi ?

5 Qui Jean Valjean rencontre-t-il dans les égouts ?

3 Complétez le résumé du chapitre 10 à l'aide des mots proposés, puis remettez les phrases dans l'ordre.

> assaut barricade canon cartouches défendre égouts
> grille insurgés lever du jour matelas panier à bouteille
> pavés rampe récupère souterrain

A ☐ Quelques instants plus tard, les forces de l'ordre prennent d'assaut la (**1**) ...., tuent une grande partie des (**2**) .... et blessent grièvement Marius.

B ☐ Pour (**3**) .... la barricade, Jean Valjean traverse la rue sous une pluie de balles et va récupérer un (**4**) ....

C ☐ En attendant le prochain (**5**) ...., les insurgés consolident la barricade à l'aide de (**6**) .... et de planches de bois.

D ☐ Au (**7**) ...., les forces de l'ordre, armées d'un (**8**) ...., arrivent et tirent sur les révolutionnaires.

E ☐ Il (**9**) .... sous les balles, mais il se fait toucher et meurt.

F ☐ Dans le (**10**) ...., l'ancien forçat rencontre Thénardier qui, contre de l'argent, lui ouvre la (**11**) .... pour sortir.

G ☐ Pendant que Marius (**12**) .... le corps de Gavroche, Valjean demande à tuer lui-même Javert, mais il le laisse partir.

H ☐ Celui-ci est sauvé par Jean Valjean qui s'enfuit dans les (**13**) .... en le portant sur son dos.

I ☐ Gavroche, lui, prend un (**14**) .... pour aller ramasser les (**15**) .... sur les gardes nationaux tués.

127

Enrichissez votre **vocabulaire**

1 Associez chaque arme à l'image correspondante.

a un sabre	**d** une baïonnette	**g** un pistolet
b une épée	**e** un canon	**h** une arbalète
c un couteau	**f** un fusil	**i** un poignard

1

2

3

4

5

6

7

8

9

2 Complétez la grille à l'aide des définitions. Tous les mots appartiennent au champ lexical du corps humain.

Horizontalement

4 Endroit où le bras s'attache au corps.

6 Partie du corps qui s'étend du cou aux reins.

7 Partie du corps située au bout du bras.

8 Membre inférieur de l'homme comprenant la cuisse.

10 Partie du visage entre le front et la bouche.

11 Organes de la vue.

12 Organes situés de chaque côté de la tête.

Verticalement

1 Partie du corps qui unit la tête au buste.

2 Partie du corps située au bas de la jambe.

3 Synonyme de *figure*.

5 Articulation qui réunit l'avant-bras à la main.

9 Ouverture dans le bas du visage.

PROJET INTERNET

Les égouts de Paris

Rendez-vous sur le site www.blackcat-cideb.com. Cliquez ensuite sur l'onglet *Students*, puis sur la catégorie *Lire et s'entraîner*. Choisissez enfin votre niveau et le titre du livre pour accéder aux liens du projet Internet.

A Cliquez sur « L'hygiène, un problème majeur dans l'histoire de Paris ».

▶ Sous le règne de quel roi ont été créés les égouts tels qu'on les connaît aujourd'hui ?

▶ Quelle est la longueur du réseau d'égouts en 1878 ?

B Cliquez sur « Le rôle d'Eugène Belgrand dans la modernisation des égouts ».

▶ À quelle date le Baron Haussmann confie-t-il à Eugène Belgrand la responsabilité du service des eaux ?

▶ Quels sont les quatre objectifs d'Eugène Belgrand ?

▶ Quelle épidémie fait son apparition à Paris en 1832 ?

C Cliquez sur « Petit Lexique ».

▶ Qu'est-ce qu'un « regard d'accès » ?

▶ Que fait « la Mitrailleuse » ?

▶ Qu'est-ce qu'un « collecteur » ?

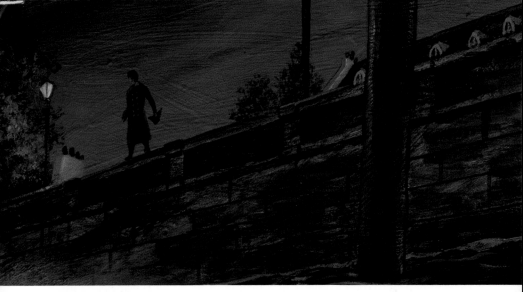

CHAPITRE **11**

Liberté

Jean Valjean fait glisser Marius sur la berge et lui jette doucement de l'eau sur le visage. Le jeune homme, immobile, semble sans vie. L'ancien forçat s'approche de la bouche entrouverte de Marius : il respire encore ! Alors qu'il va plonger une nouvelle fois sa main dans la rivière, il s'arrête brusquement car il se sent observé. Il se retourne et aperçoit un homme vêtu d'un long manteau : c'est Javert ! En laissant passer Jean Valjean devant lui, Thénardier savait très bien ce qu'il faisait : il donnait une victime aux policiers qui l'attendaient derrière la grille.

Javert le fixe dans les yeux et lui dit, toujours en le vouvoyant :

— Que faites-vous là ? Et qui est cet homme ?

— Il était à la barricade, dit Jean Valjean. Inspecteur Javert, depuis ce matin, je me considère comme votre prisonnier. Prenez-moi, mais aidez-moi d'abord à ramener ce jeune homme chez lui.

— Vous l'avez transporté de la barricade jusqu'ici ? demande Javert, intrigué.

Jean Valjean fait semblant de ne pas entendre la question.

— Il habite chez son grand-père, rue des Filles-du-Calvaire, dit-il.

— Cocher ! crie Javert.

Une demi-heure plus tard, le fiacre arrive devant la maison de monsieur Gillenormand. Jean Valjean et Javert confient Marius aux domestiques et repartent. En sortant de la maison, Jean Valjean demande à Javert une ultime faveur : se rendre chez lui. L'inspecteur accepte. Lorsqu'ils arrivent dans la rue de l'Homme-Armé, Javert dit à l'ancien forçat :

— Montez, je vous attends ici.

Jean Valjean entre. Arrivé au premier étage, il jette un coup d'œil par la fenêtre et découvre que Javert n'est plus dans la rue.

Depuis quelques heures, l'inspecteur Javert est bouleversé. Il ne supporte pas d'avoir été épargné par Jean Valjean sur la barricade, et il tolère encore moins le fait de le sauver. Javert se sent lâche, il se fait horreur. Pour lui, la perfection, ce n'est pas d'être humain, d'être grand ou sublime : c'est d'être irréprochable. Troublé et désespéré, il marche en direction de la Seine. Lorsqu'il arrive près de la berge, il se jette dans le fleuve et disparaît dans l'eau sombre.

Marius, quant à lui, reste longtemps entre la vie et la mort. La fièvre le fait délirer des nuits entières, au cours desquelles il répète sans arrêt le nom de Cosette. Son grand-père, monsieur Gillenormand, est très triste et il veille sur lui avec amour. Tous les jours, un monsieur aux cheveux blancs vient demander des nouvelles du blessé.

Quatre mois après la nuit où l'on a apporté Marius mourant chez son grand-père, le médecin déclare que le jeune homme est sauvé. Après avoir traversé des nuits d'angoisse, monsieur Gillenormand se sent revivre. Il appelle Marius monsieur le baron, lui dit qu'il est son petit-fils adoré, crie « Vive la République ! »

Pendant sa convalescence, Marius ne pense qu'à une chose : Cosette. Au fur et à mesure qu'il reprend des forces, il éprouve de nouveau de la rage envers son grand-père en pensant au passé. Un jour, alors que monsieur Gillenormand est près de lui, il lui dit d'un ton grave :

— Je dois vous dire quelque chose : je veux me marier.

— C'est prévu, dit son grand-père.

Marius, très étonné, reste sans voix.

— Oui, tu l'auras ta bien-aimée, poursuit monsieur Gillenormand. Elle prend de tes nouvelles tous les jours par l'intermédiaire d'un vieux monsieur aux cheveux blancs. Je me suis informé : depuis que tu es blessé, elle passe son temps à pleurer. Elle habite rue de l'Homme-Armé, au numéro 7.

— Mon père [1] ! s'écrie Marius.

— Tu m'as appelé « mon père »... Tu m'aimes donc ! dit le vieil homme très ému.

Le lendemain, Cosette et Jean Valjean arrivent chez monsieur Gillenormand. Après les présentations, le grand-père de Marius dit à Jean Valjean :

— Monsieur Fauchelevent, j'ai l'honneur de vous demander pour mon petit-fils, monsieur le baron Marius Pontmercy, la main de mademoiselle.

---

1. **Mon père** : appellatif donné à une personne qui se comporte comme un père en l'absence de celui-ci.

Les Misérables

— Je vous l'accorde.

Marius et Cosette sont très heureux. Ils s'embrassent et passent de longs moments ensemble. Jean Valjean, lui, va chercher la fortune qu'il avait cachée dans le bois de Montfermeil, lorsqu'il portait encore le nom de monsieur Madeleine. Il garde cinq cents francs pour lui et donne à Cosette une dot d'environ six cent mille francs.

Malgré son bonheur, Marius pense à la dette qu'il doit régler : remercier l'inconnu qui lui a sauvé la vie en le portant sur son dos et en traversant la moitié de Paris dans les égouts. D'ailleurs, Marius donnerait tout pour retrouver son sauveur. Un soir, alors qu'il parle de la barricade à Cosette et à Jean Valjean, il dit :

— Cet homme qui m'a sauvé la vie a été sublime. Savez-vous ce qu'il a fait, monsieur ? Il s'est jeté au milieu du combat, il m'a traîné dans les égouts, il a traversé d'affreux souterrains, avec moi sur le dos. Son existence, il ne l'a pas risquée une fois, mais vingt ! Oh, si les six cent mille francs de Cosette étaient à moi, je les donnerais pour retrouver cet homme !

Jean Valjean reste silencieux.

Deux mois plus tard, le mariage a lieu. Il a été décidé que les mariés et Jean Valjean vivraient chez monsieur Gillenormand. Jean Valjean, très triste, refuse d'abord cette proposition, puis accepte finalement devant l'insistance de Cosette. Le soir du repas de noce, Jean Valjean reste dans sa chambre, prétextant souffrir de la main. Lorsqu'il ouvre la valise dans laquelle il a soigneusement conservé les vieux vêtements de Cosette, il se met à pleurer. Son passé pèse sur lui. Il est de nouveau confronté à un douloureux dilemme : doit-il avouer sa véritable identité à Marius ? A-t-il le droit de profiter, sous un faux nom, du bonheur familial qu'on lui offre ?

Le lendemain, il va dans le salon où se trouve Marius.

— Bonjour, père, dit le jeune homme. Votre main va mieux, n'est-ce pas ? Vous avez vu, votre chambre est près de la nôtre. Nous allons être très heureux ensemble !

Jean Valjean reste un instant silencieux, puis il lui dit :

— Monsieur Pontmercy, je m'appelle en réalité Jean Valjean et j'ai été dix-neuf ans au bagne. Pour vol. Puis, j'ai été condamné à perpétuité, pour récidive.

Bouleversé, Marius s'écrie :

— Pourquoi me dites-vous tout cela ? Pour quelle raison ?

— Pour quelle raison ? répond l'ancien forçat. Par honnêteté. Ce qui me force à parler, c'est ma conscience. Pour vivre, autrefois, j'ai volé un pain. Aujourd'hui, pour vivre, je ne veux pas voler un nom. Je vous en supplie, ne dites rien à Cosette, elle n'est au courant de rien !

Marius, troublé, accepte de ne rien dire et autorise Jean Valjean à rester chez eux. Mais le jeune homme est préoccupé : il n'a plus confiance en son beau-père. Bientôt, il demande à l'ancien forçat de rompre tout contact avec Cosette. Jean Valjean déménage alors rue de l'Homme-Armé. Désespéré de ne plus voir son enfant, l'ancien forçat sombre dans le désespoir et tombe gravement malade.

Un jour, Marius reçoit la visite d'un homme étrange qui prétend vouloir lui vendre un secret. Cet homme, c'est Thénardier, mais il ne le reconnaît pas.

— Monsieur le baron, dit-il, il y a dans votre famille un voleur et un assassin. Il s'appelle Jean Valjean.

— Je sais de source sûre, dit Marius, que Jean Valjean est un voleur, parce qu'il a volé monsieur Madeleine. Et c'est un assassin, parce qu'il a tué l'inspecteur Javert sur la barricade.

Les Misérables

Thénardier lui dit qu'il se trompe. Il lui montre les journaux qui attestent que Jean Valjean était monsieur Madeleine et que Javert s'est suicidé. Il prétend en revanche que c'est un meurtrier, parce que le 6 juin 1832, le jour des émeutes, il l'a vu porter un cadavre dans les égouts de Paris. Marius comprend à ce moment-là que le sauveur qu'il recherche depuis des mois n'est autre que Jean Valjean.

— Le cadavre, c'était moi, s'écrie-t-il. Vous êtes venu accuser cet homme et vous l'avez justifié. Vous avez voulu le perdre et vous l'avez glorifié. C'est vous qui êtes un voleur et un assassin !

Pendant que Thénardier s'enfuit, Marius court chercher Cosette, puis appelle un fiacre pour se rendre rue de l'Homme-Armé. En chemin, Marius lui raconte toute l'histoire.

Quand les jeunes mariés arrivent chez Jean Valjean, ce dernier est très malade. Cosette se jette dans les bras de son père qui est bouleversé par la joie de la revoir. Elle lui demande de venir de nouveau vivre chez eux, mais le vieil homme leur avoue qu'il va bientôt mourir. Désespérés, Marius et Cosette se mettent à pleurer.

— Mes enfants, leur dit Jean Valjean, ne pleurez pas. Je ne vais pas très loin, je vous verrai de là-haut. Quand il fera nuit, vous n'aurez qu'à lever les yeux et vous me verrez sourire. Mes enfants, aimez-vous surtout. Je meurs heureux.

Sur ces paroles, le vieil homme ferme les yeux : il vient de mourir.

Au cimetière du Père-Lachaise, il y a, dans un angle désert, une pierre qui porte cette épitaphe :

Il dort. Quoique le sort fût pour lui bien étrange,
Il vivait. Il mourut quand il n'eut plus son ange ;
La chose simplement d'elle-même arriva,
Comme la nuit se fait lorsque le jour s'en va.

Compréhension écrite et orale

DELF **1** Écoutez attentivement l'enregistrement du chapitre, mettez les mots dans l'ordre, puis dites si les affirmations suivantes sont vraies (V) ou fausses (F).

		V	F
1	pas / Marius / car / n' / mort / il / respire / est	☐	☐
2	décide / ne / arrêter / Jean / Javert / de / pas / Valjean	☐	☐
3	Seine / se suicide / Javert / en / se jetant / la / dans	☐	☐
4	Gillenormand / très / toujours / monsieur / sévère / Marius / avec / est	☐	☐
5	accepte / Gillenormand / le mariage / de / Cosette / Marius / monsieur / et	☐	☐
6	toute / fortune / lui / Jean / sa / garde / Valjean / pour	☐	☐
7	participe / noce / Jean / de / ne / Valjean / repas / pas / au	☐	☐
8	sa / avoue / identité / Jean / à / véritable / Marius / Valjean	☐	☐
9	habiter / à / Montfermeil / Jean Valjean / repart	☐	☐
10	Jean Valjean / d'avoir volé / Thénardier / monsieur Madeleine / accuse	☐	☐

2 Ces personnages célèbres sont enterrés au Père-Lachaise, le cimetière parisien le plus connu et visité au monde. Écoutez attentivement l'enregistrement, puis associez chaque profession au personnage correspondant.

1	☐ Oscar Wilde		a	Archéologue
2	☐ Guillaume Apollinaire		b	Banquier
3	☐ Édith Piaf		c	Chanteur
4	☐ Achille Zavatta		d	Chanteuse
5	☐ Jim Morrison		e	Cinéaste
6	☐ James de Rothschild		f	Clown
7	☐ Georges Méliès		g	Écrivain
8	☐ Frédéric Chopin		h	Humoriste
9	☐ Eugène Delacroix		i	Musicien
10	☐ Pierre Desproges		j	Peintre
11	☐ Vivant Denon		k	Photographe
12	☐ Félix Nadar		l	Poète

Grammaire

Les adverbes

Les **adverbes** décrivent l'action du verbe, mais ils peuvent également modifier un adjectif ou un autre adverbe. Ils sont invariables.
*Thénardier savait **très bien** ce qu'il faisait.*

Les adverbes de manière
Ils expriment la façon de faire ou d'être et se placent après le verbe.
*Jean Valjean lui jette **doucement** de l'eau sur le visage.*
Ils se forment généralement en ajoutant **-ment** au féminin de l'adjectif, ou à son masculin si ce dernier se termine déjà par une voyelle.
*final → finale → finale**ment** brusque → brusque**ment***

Si l'adjectif masculin se termine par **-ant** ou **-ent**, on remplace respectivement ces deux terminaisons par **-amment** et **-emment**.
*sav**ant** → sav**amment** réc**ent** → réc**emment***

Les adverbes de temps

Comme leur nom l'indique, ils apportent une indication de temps. Voici les plus fréquents : *alors, aujourd'hui, aussitôt, autrefois, avant, bientôt, désormais, ensuite, hier, jamais, le lendemain, le surlendemain, longtemps, maintenant, puis, soudain, souvent, toujours, la veille*…
Pour vivre, **autrefois**, j'ai volé un pain. **Aujourd'hui**, pour vivre, je ne veux pas voler un nom.

1 Formez l'adverbe de manière à partir de l'adjectif.

1 agréable ....

2 violent ....

3 rare ....

4 avantageux ....

5 terrible ....

6 heureux ....

7 fréquent ....

8 étrange ....

2 Complétez les phrases avec les adverbes de temps proposés.

autrefois   bientôt   hier   jamais   puis
soudain   souvent   toujours

1 Jean Valjean va très .... voir Cosette.

2 Marius ne rend .... visite à son grand-père.

3 Javert suit .... son instinct.

4 Cosette était dans sa chambre. ...., elle a entendu du bruit.

5 Marius et Cosette vont .... se marier.

6 ...., Jean Valjean était un forçat.

7 ...., Marius est allé se promener au jardin du Luxembourg.

8 Marius s'est reposé, ... il est allé au théâtre.

Enrichissez votre **vocabulaire**

1 Associez chaque mot à sa définition.

a la berge   e une dot
b un cocher   f un coup d'œil
c lâche   g épargner
d la rage   h une dette

1 ☐ Laisser vivre, gracier.
2 ☐ Regard plus ou moins rapide.
3 ☐ Bord d'un cours d'eau.
4 ☐ Conducteur d'un véhicule tiré par un ou plusieurs chevaux.
5 ☐ Contraire de *courageux*.
6 ☐ Bien apporté par une femme en se mariant.
7 ☐ Grande colère.
8 ☐ Obligation qu'une personne doit à une autre.

Production écrite et orale

DELF **1** Vous gagnez au loto. Que faites-vous de cet argent ?

2 Vous vous êtes fait passer pour ce que vous n'êtes pas pour séduire quelqu'un, mais vous le regrettez. Vous décidez finalement de tout avouer dans une lettre.

1 Remettez les dessins dans l'ordre chronologique de l'histoire et résumez celle-ci.